HETHITER

SYRIEN

LIBANON

PHÖNIZIER

Alexandria

Rosetta

SINAI

Giseh

Memphis

Sakkara

Achetaton

Abydos

Tal der Könige

Theben

Deir-el-Medineh

Luxor

Elephantine

Assuan

Nil

ROTES MEER

Atbara

blauer
Nil

PUNT

weißer Nil

Christa Holtei · Udo Kruse-Schulz

Reise in das ALTE ÄGYPTEN

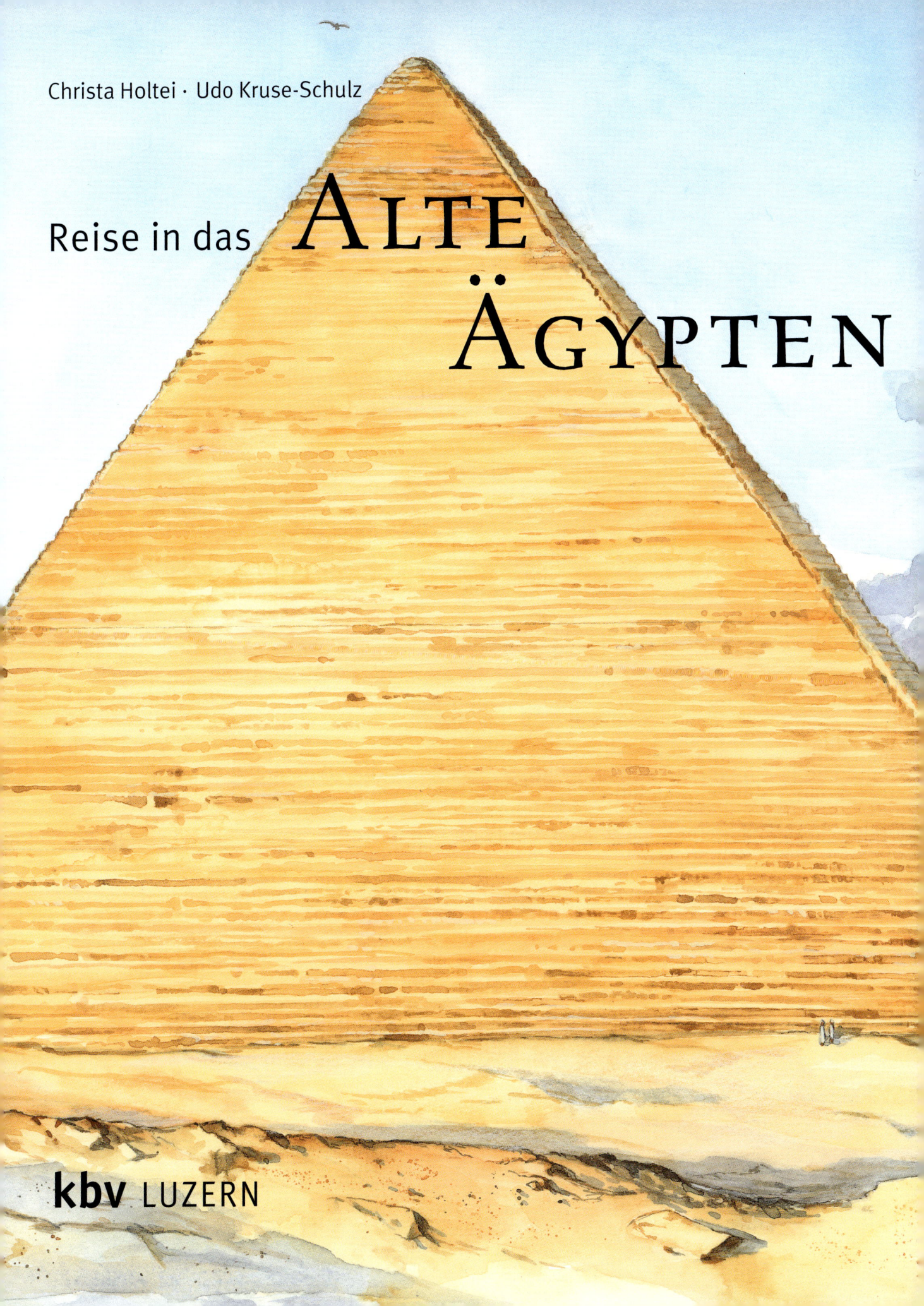

kbv LUZERN

CHRISTA HOLTEI
studierte Anglistik, Romanistik, Philosophie und Pädagogik in Düsseldorf. Heute arbeitet sie als freie Übersetzerin und Autorin. Sie hat für den kbv LUZERN bereits mehrere Bücher geschrieben, z. B. *Ritterleben auf der Burg*. Sie lebt mit ihrem Mann in Ratingen bei Düsseldorf.

UDO KRUSE-SCHULZ
geboren 1960, besuchte nach einem Studium der klassischen Archäologie die Fachhochschule für Gestaltung in Hamburg. Er lebt heute als freier Illustrator in Hemmoor in Norddeutschland. Bei kbv hat er bereits ein Buch über die Evolution des Menschen illustriert: *Auf den Spuren des Menschen* von Claudia Schnieper.

„Man nennt die Namen der Schreiber wegen ihrer Bücher, die sie geschrieben haben, als sie noch lebten. Gut ist die Erinnerung an den, der sie verfasst hat, bis in alle Ewigkeit. Werde Schreiber, das nimm dir vor, damit es deinem Namen ebenso ergehe! Nützlicher ist ein Buch als ein gravierter Denkstein, als eine fest gefügte Grabwand. Es schafft Tempel und Pyramiden im Herzen dessen, der ihren Namen ausspricht."

(Weisheitslehre, 19. oder 20. Dynastie, Papyrus Chester Beatty IV)

Für meine Mutter

In der gleichen Reihe ist beim kbv LUZERN erschienen:
Claudia Schnieper & Roland Warzecha: Reise in das Alte Rom

Die Deutsche Bibliothek – CIP-Einheitsaufnahme
Reise in das alte Ägypten/Christa Holtei; Udo Kruse-Schulz. -
Düsseldorf: kbv Luzern, 2002
ISBN 3-7941-8003-8

Christa Holtei (Text)
Udo Kruse-Schulz (Illustrationen)
Reise in das Alte Ägypten

Für die fachliche Beratung danken wir Frau Margrid Schiewek-Giesel vom Römer- und Pelizäus-Museum, Hildesheim, sowie Frau Heike Wilde, Göttingen.

Gesamtherstellung: Fotolito Longo, Italien

Printed in Italy

ISBN 3-7941-8003-8
www.patmos.de

INHALT

DAS RÄTSEL ÄGYPTEN

Im Jahr 448 vor Christus bereiste der griechische Geschichtsschreiber Herodot (490–430 v. Chr.) das damals schon 3000 Jahre alte Ägypten. Er stellte sich vor über 2450 Jahren die gleichen Fragen, die auch heute noch Touristen und Archäologen beschäftigen, nämlich: Wie wurden die Pyramiden gebaut? Wieso überschwemmt der Nil jedes Jahr das Land? Wo entspringt eigentlich der Nil?

SPURENSUCHE

Um nur diese drei Fragen beantworten zu können, mussten noch viele Jahrhunderte vergehen. Und auf viele andere Fragen haben wir heute noch keine genauen Antworten. Nach so langer Zeit ist es besonders schwierig, etwas über das ganz normale Leben der Menschen herauszufinden. Was haben sie gegessen? Wie haben sie gewohnt? Wofür haben sie sich interessiert? Wie Detektive arbeiten Ägyptologen daran, diese und andere Rätsel zu lösen. Die Ergebnisse ihrer Spurensuche vermitteln uns ein Bild vom damaligen Leben.

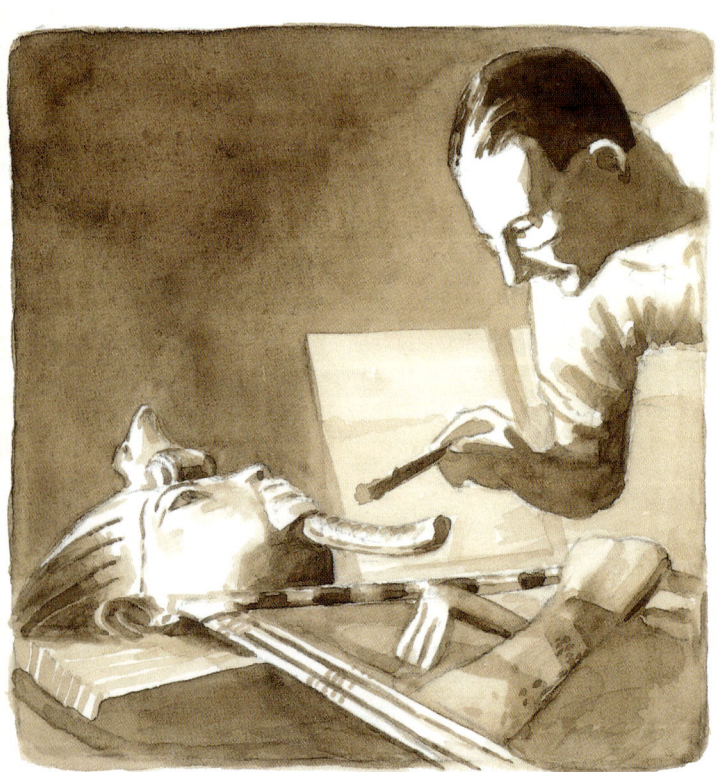

SCHON GEWUSST?

Archäologie ist ein griechisches Wort und bedeutet wörtlich »die Erörterung vergangener Dinge«. Wir sagen auch Altertumskunde dazu.

Archäologen sind Altertumsforscher. Sie beschäftigen sich mit allem, was die Menschen vor langer Zeit hinterlassen haben, und untersuchen die Funde mit verschiedenen Methoden. Aus vielen kleinen Hinweisen setzen sie ein Bild zusammen, sodass wir uns vorstellen können, wie die Menschen in einem bestimmten Land zu einer bestimmten Zeit gelebt haben.

Ägyptologen sind die Archäologen, die das Alte Ägypten erforschen. Sie müssen sehr weit in der Zeit Ägyptens zurückgehen, denn die ersten wichtigen Hinweise stammen schon aus der Zeit um 5000 vor Christus, also aus der Zeit von vor ungefähr 7000 Jahren!

DIE FAMILIE DES BAUMEISTERS HAPU

Vielleicht besuchen wir einfach eine ägyptische Familie und schauen uns an, was sie ein Jahr lang macht. Sie lebt ungefähr 1300 vor Christus, also vor etwa 3300 Jahren, in Theben in einem Haus aus weiß getünchten Lehmziegeln. Es ist ein vornehmeres Haus, deswegen hat es viele große Zimmer und einen Garten. Der Boden im Wohnzimmer ist nicht aus gestampftem Lehm, sondern hat Steinfliesen.

Vorratsbehälter

Küche

Tonziegelofen

Dachterasse

Schlafraum

Wohnzimmer

Der älteste Sohn IRSU ist siebzehn. Er ist Maler und verschönert die Bauwerke seines Vaters.

NEFRET ist dreizehn, interessiert sich sehr für Medizin und will einmal Heilerin werden.

Das hier ist HAPU, der Vater. Er ist ein Baumeister und plant Paläste und Tempel.

SEPETJA ist seine Frau, die »Herrin seines Hauses«, wie die Ägypter sagten.

HESI ist fast fünf und hält sich schon für fast erwachsen.

RAMOSE weiß mit elf Jahren schon, dass er Schreiber werden möchte.

DAS GESCHENK DES NILS

NEFRET TRIFFT REFI AM NIL
Achet, 1. Tag des 1. Monats der Überschwemmung

Nefret war zum Nil gegangen. Zu Hause waren ihr alle zu aufgeregt, denn Wesir Majunacht hatte seinen Besuch angekündigt. Nach dem Pharao war er der wichtigste Mann im Staat. Was er wohl wollte?

Nefret ließ sich den Neujahrstag, den Festtag des Thot, nicht verderben. Sie mochte Thot, den Gott des Kalenders und des Wissens. Sie hätte am liebsten alles gewusst, was es auf der Welt zu wissen gab.

Am Nilufer sah sie, dass das Hochwasser pünktlich am ersten Tag des Achet, der Jahreszeit der Überschwemmung, begonnen hatte. Bald würde das Schilf unter Wasser stehen. Wo die Krokodile sich dann wohl versteckten?

»Nefret!« Sie drehte sich ärgerlich um – warum ließ man sie nicht in Ruhe? Aber dann lächelte sie, als sie Refi erkannte. Wie gut er wieder aussah! Sie war bis über beide Ohren verliebt!

»Renpet neferet!«, sagte Refi mit leuchtenden Augen.

»Dir auch ein gutes Jahr, Refi!«, erwiderte Nefret seinen Wunsch.

»Sothis steht am Himmel und Hapi lässt den Nil steigen. Es wird ein gutes Jahr und eine gute Ernte!«, sagte Refi, der ein Bauerngut am Fluss besaß.

»Das hoffe ich«, sagte Nefret. »Aber du blutest ja!« Bestürzt zeigte sie auf sein Bein.

»Ich habe die Kanäle kontrolliert und bin in einen Graben gerutscht«, sagte Refi.

Nefret sah sich die Wunde sofort an.

»Es ist nicht schlimm, aber du musst Salbe und Honig darauf streichen, damit es heilt.«

»Ja, Heilerin«, sagte Refi lachend.

»Lach nicht, ich will tatsächlich Heilerin werden«, sagte Nefret ernsthaft. »Was die Dame Peseschet vor tausend Jahren konnte, kann ich auch.«

Refi bekam ganz runde Augen vor lauter Staunen. Nefret überraschte einen doch immer wieder.

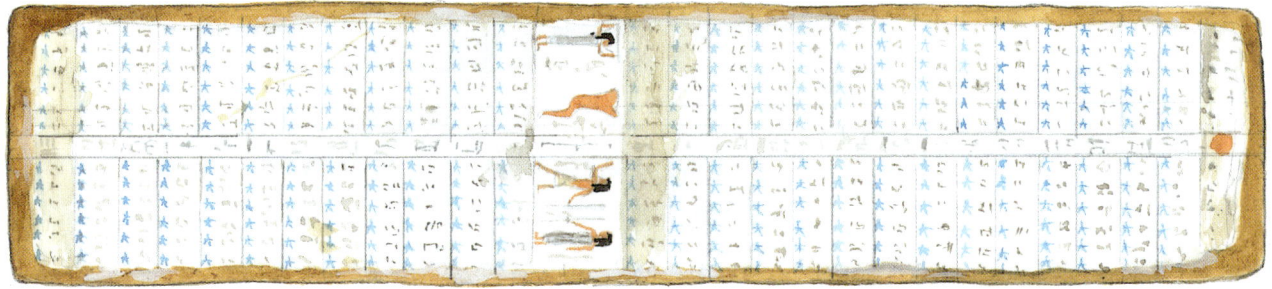

Kalender in einem Sarkophagdeckel: Jeder Stern steht für einen Tag und einen Gott, dem man opfern muss.

RENPET HEISST DAS JAHR

Auf Wandmalereien oder Mumiensärgen konnten Ägyptologen lesen,
dass die altägyptische Zeitrechnung unserer ziemlich ähnlich war.

DIE JAHRESZEITEN

Der Einfluss des Nils auf ihr Leben legte die drei Jahreszeiten der Ägypter fest: *Achet* (Überschwemmung; Juli bis November), *Peret* (Aussaat; November bis März) und *Schemu* (Ernte; von März bis Juli). Wenn Sothis (Sirius, der hellste Fixstern) im Juli das erste Mal wieder am Himmel erschien, feierten sie ihr Neujahrsfest. Der Flussgott Hapi sorgte dann, so glaubten sie, für das segensreiche Nilhochwasser. Und den ganzen ersten Monat nannten sie nach dem Gott des Kalenders »Thot«.

ABED (MONAT), HERU (TAG), UNUT (STUNDE)

Im Alten Ägypten hatte ein Tag vierundzwanzig Stunden, ein Monat dreißig Tage (drei Wochen zu zehn Tagen), und ein Jahr zwölf Monate. Das ergibt 360 Tage. Durch Berechnungen der Sterne wussten die Ägypter jedoch, dass ein Jahr 365 Tage hat. An fünf hinzugefügten Tagen feierten sie die Geburtstage der fünf Hauptgötter (siehe S. 30). Diese Festtage hießen *heriu renpet* (»Tage auf dem Jahr«).

 MACH MIT!
ÄGYPTISCHE WASSERUHR

Zusätzlich zu ihren Sonnenuhren erfanden die Ägypter die Wasseruhr. Sie wurde hauptsächlich während der Nacht benutzt.
Formt ein Gefäß wie auf dem Bild aus selbsthärtendem Töpferton. Steckt eine dicke Stricknadel unten in das Gefäß, damit ein kleines Loch entsteht. Ist der Ton trocken, zieht ihr die Nadel heraus und lackiert das Gefäß von innen. Füllt Wasser hinein und markiert alle fünf Minuten die Wasserkante an der Innenwand. (Lasst das Wasser nicht einfach auf den Boden tropfen!) Wenn das Gefäß leer ist und ihr wieder Wasser hineingießt, könnt ihr an euren Markierungen die Zeit ablesen.

ÄGYPTEN HEISST *KEMET*

Unser Name für das Land am Nil stammt aus dem Griechischen (*aigyptos*).
Die Ägypter selbst nannten ihr Land jedoch Kemet.

KEMET (DAS SCHWARZE LAND)

Einmal im Jahr trat der Nil über die Ufer und schwemmte schwarzen, fruchtbaren Schlamm an. Der Fluss spendete lebensnotwendiges Wasser und fruchtbaren Boden für eine reiche Ernte. Heute reguliert der Staudamm in Assuan die Wassermassen, deshalb tritt die Überschwemmung nicht mehr auf.

DESHRET (DAS ROTE LAND)

Zu beiden Seiten des fruchtbaren Landes lag gleich die Wüste. Im Sonnenlicht schimmerte sie rötlich und sah wunderschön aus, aber sie war gefährlich. Der Westwind trocknete die Felder aus und trieb feinen Sand nach Osten, der in Tausenden von Jahren mehrfach Tempel und die berühmte Sphinx unter sich begrub.

DIE »BEIDEN LÄNDER«

Memphis, die Hauptstadt des Alten Reiches (siehe Zeittafel S. 58), lag an der Grenze zwischen dem südlichen Oberägypten im Niltal und dem nördlichen Unterägypten im Nildelta. König Narmer vereinigte beide Länder um 3000 v. Chr. Seitdem trugen die Könige Ägyptens die Doppelkrone: die weiße Krone des Südens und die rote Krone des Nordens. »König« hieß *nisut*, aber später wurde das Wort für seinen Palast *per-a'a* (»das große Haus«) als Königstitel »Pharao« benutzt.

rote Krone   Doppelkrone   weiße Krone   blauer Kriegshelm

DIE ÄGYPTISCHE GESELLSCHAFTSPYRAMIDE

Das Alte Ägypten wurde reich und mächtig, weil es bis in den
kleinsten Winkel organisiert war. Nichts geschah, ohne dass Beamte
es gemerkt hätten. Die Gesellschaft war wie eine Pyramide
angeordnet.

PHARAO: Doppelkrone mit goldener Kobra (Uräusschlange),
umgebundener Königsbart, Hirtenstab und Geißel. Der König wurde als göttlicher Sohn
des Sonnengottes Re gesehen.

KÖNIGSFAMILIE UND ADELIGE, WESIR: Die Königin trug den Titel
»Große Königliche Gemahlin« und wurde als Göttin betrachtet. Der Wesir, der »Prophet der Göttin Ma'at«,
war der mächtige Stellvertreter des Pharao und oberster Richter.

HOHEPRIESTER, HOHE BEAMTE: Hohepriester leiteten die Priesterschaft
eines Tempels und hatten oft auch große politische Macht. Hohe Beamte kümmerten sich um Rechtsprechung,
Staatsschatz, Kornspeicher und Kriegszüge.

KÖNIGLICHE AUFSEHER, PROVINZSTATTHALTER, SCHREIBER:
Königliche Aufseher überwachten die Ernten, den Bau von Tempeln und Grabanlagen. In 42 Provinzen
sprachen Statthalter Recht und trieben Steuern für den Pharao ein.

HANDWERKER, MALER, BILDHAUER, KAUFLEUTE: Sie bildeten die Mittelklasse des Staates.

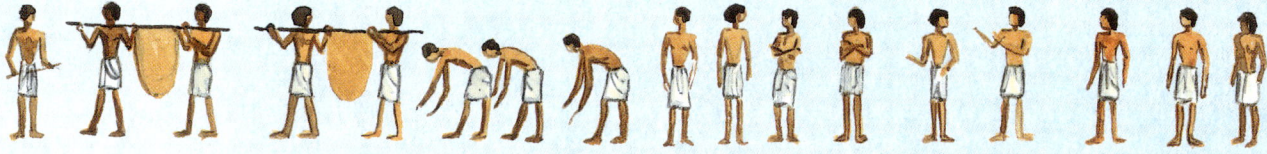

BAUERN UND ARBEITER: Die meisten Menschen arbeiteten in der Landwirtschaft.

BAUERN, FELLACHEN, LANDARBEITER

Die Arbeit auf den Feldern war hart, wie wir von unzähligen Wandgemälden und Figurengruppen aus Gräbern wissen und in schriftlichen Zeugnissen lesen können. Die Kornspeicher zu füllen und genug zu essen zu haben, außerdem notfalls auch ein schlechtes Erntejahr überdauern zu können, war der wichtigste Überlebensgedanke im Alten Ägypten. Kein Wunder, dass sich die höchsten Beamten um die Kornspeicher kümmerten.

PFLÜGEN, HACKEN, SÄEN

Mitte November begann nach der Überschwemmung sofort die Arbeit. Rindergespanne zogen Holzpflüge, wobei die Bauern (Fellachen) den Pflug in die Erde drückten. Harte Lehmschollen wurden mit Holzhacken zerkleinert. Bei Feldern in der Nähe des Flusses oder im Nildelta blieb der Boden feuchter. Deshalb reichte es aus, wenn Tiere die Schollen zertraten und dabei die Saat in den Boden stampften.

ERNTE

Bis zum Beginn der nächsten Überschwemmung im Juli musste die Ernte erledigt sein. Mit Holzsicheln, in die scharfe Feuersteinsplitter eingelassen waren, wurde also ab März das Korn gemäht. Das Stroh wurde gebündelt, die Körner mit dem Worfelholz von der Spreu getrennt und eingesammelt. Sie wurden nach Berechnung der Abgaben mit Schiffen in die staatlichen Speicher abtransportiert, der Überschuss blieb bei den Bauern. Für die Herstellung von Stoffen wurde Flachs geschnitten und Schilf für Körbe, Matten und Boote. Abgerichtete Affen ernteten die Feigen. Trauben wurden gelesen und von den sorgfältig bewässerten Gemüsebeeten kamen Rettich, Salate, Knoblauch und Zwiebeln.

BEWÄSSERUNG

In einem Land, in dem es kaum regnet, ist Wasser kostbar. Die Ägypter hatten ein ausgeklügeltes Bewässerungssystem aus Kanälen, künstlichen Becken, Dämmen und Schleusen, damit auch nach dem Hochwasser genug Wasser durch die Felder fließen konnte. Mit dem *Schaduf*, einer Hebevorrichtung, schöpften sie das Wasser mit Eimern in höher gelegene Kanäle.

Die vorhandenen Kanäle mussten ständig überwacht und gereinigt werden. In großen Brunnen (Nilmessern) zeigten Stufen die Stärke der Überschwemmung an. Danach wurden die Steuern berechnet: Je höher die Überschwemmung war, desto mehr Land wurde bewässert. Die Ernte war ertragreicher und die Bauern konnten mehr Abgaben in Form von Korn bezahlen.

Nilmesser waren direkt am Fluss gelegene, gemauerte Wasserstandsmesser. An den Markierungen wurde während der Zeit der Überschwemmung der genaue Stand des Wassers abgelesen.

PYRAMIDEN, GRÄBER, MUMIEN

HAPU BEKOMMT EINEN AUFTRAG
Achet, 16. Tag des 2. Monats der Überschwemmung

»Unglaublich! Hast du das gerade gehört?« Baumeister Hapu ließ sich auf den wertvollsten Stuhl seines Hauses fallen, den mit den Löwenfüßen. Er musste erst einmal begreifen, dass der Wesir des Königs ihn tatsächlich besucht hatte!

Sepetja kam mit dem jüngsten Sohn Hesi herein. »Welche Ehre für dich!«, sagte sie lächelnd. »Wer darf schon das Grab eines Königs bauen!«

»Wer war der Mann in dem langen Sack?«, fragte Hesi.

»Das war der Wesir Majunacht«, sagte Hapu. »Und er trug keinen Sack, sondern seine Amtstracht und eine Kette mit der Feder der Ma'at. Wer ist Ma'at, Hesi?«

»Die Göttin der Gerechtigkeit«, sagte Hesi prompt, aber er schmollte. Und der Mann hatte doch einen Sack angehabt! Er drehte sich um und rannte hinaus.

»Freust du dich, dass die Götter deine Wünsche erhört haben?«, fragte Sepetja ihren Mann.

»Ja, natürlich. Aber warum nur ein unterirdisches Haus der Ewigkeit für einen König? Wenn ich doch bauen dürfte wie der große Baumeister Imhotep! Hoch hinauf in den Himmel und die vollendetste Form der Welt!«

Sepetja lächelte. »Du und deine Pyramiden! Aber sie zu bauen hat doch seit langer Zeit keinen Sinn mehr, das weißt du doch.«

Die Pyramiden waren alle ausgeraubt worden, deshalb baute man nun geheime Gräber in den Bergen westlich von Theben.

»Plane ein besonders prächtiges Grab mit schönen Malereien«, schlug Sepetja vor, »und der Wesir ist zufrieden.«

»Du hast Recht«, sagte Hapu. »Wie wäre es, wenn ich Irsu bitten würde, als Maler zu arbeiten? Er hat viel Talent.«

»Ja, tu das. Unser Sohn ist ein Künstler, seine Bilder werden sehr schön sein.«

Hapu sah Sepetja zärtlich an. »Du bist die Herrin meines Hauses und die Lebensreiche, die Glück bringt!«, sagte er und lehnte sich zufrieden in seinem Stuhl zurück.

GEWALTIGE GRABANLAGEN

Die Ägypter glaubten, dass die Welt zu Anfang nur aus dem riesigen Urmeer »Nun« bestand (siehe S. 30). Aus ihm erhob sich der Schöpfungshügel, von dem aus der Sonnengott Re, der Spender von Licht, Wärme und Leben, in den Himmel stieg.

MASTABAS

Archäologen nehmen an, dass die ersten Gräber den Urhügel darstellen, von dem aus man auf der Sonnenbarke des Gottes Re ins Jenseits gelangte. Lebte ein Pharao dort ewig weiter, bestand auch Ägypten fort. Die Pharaonengräber waren in den Boden gemauerte Grabräume, über denen sich ein schützender Hügel aus Sand wölbte. Diese Grabhügel heißen auf Arabisch *Mastaba*.

KÖNIG CHASECHEMUI

Eine der größten Mastabas ist die des Königs Chasechemui (um 2686 v. Chr.) bei Abydos. Sie besteht aus dreiunddreißig gemauerten Räumen. Das Grab ist schon früh eingestürzt, deshalb konnten antike Grabräuber es nicht ausrauben. Sie versuchten sich durch die Wände zu den Schätzen des Königs zu graben, haben sie aber nicht erreicht.

SCHON GEWUSST?
Ausgrabung nennt man das Freilegen von Überresten einer vergangenen Zeit: vom Sand begrabene Statuen wie die Sphinx oder Grabanlagen und Tempel oder auch versunkene Städte. Schicht für Schicht wird der Boden abgetragen und gesiebt, bis man sicher alle Hinweise gefunden hat. Die Funde werden verzeichnet, beschriftet, fotografiert und schließlich wissenschaftlich untersucht.

Von Archäologen freigelegte Grabstätte
Umm el-Qaab in Abydos

DIE GROSSE PYRAMIDE VON GISEH

DER TOTENKULT

Für ein ewiges Weiterleben im Jenseits brauchten die Ägypter alles, was sie auch im Leben auf der Erde gehabt hatten. Je höher die gesellschaftliche Bedeutung eines Menschen war (siehe S. 13), desto prächtiger waren sein Grab und die Gaben, die seine Angehörigen ihm ins Jenseits mitgaben. Für Archäologen sind diese Grabbeigaben von unschätzbarem Wert, denn durch sie sind viele Einblicke in das Alltagsleben der Ägypter möglich.

GRABBEIGABEN

Kleidung, Schmuck, Schminke, Waffen und Möbel, Wein und Brote – nichts sollte dem Toten in seinem »Haus der Ewigkeit« fehlen. Kleine Tonfigürchen, die *Ushebtis,* sollten für ihn antworten: »Hier bin ich!«, wenn die Götter ihn im Jenseits zu schweren Arbeiten rufen würden. In manchen Gräbern waren es 365, für jeden Tag des Jahres eines.

DAS TOTENGERICHT DES OSIRIS

Vor einem göttlichen Gericht musste der Tote beweisen, dass er das Leben im Jenseits verdient hatte. Der Gott Anubis führte ihn vor Osiris, der das Herz des Toten gegen die Feder, das Wahrzeichen der Göttin Ma'at, aufwog. Hatte er im Leben schlecht gehandelt, wurde er von Ammut, der »Fresserin«, verschlungen.

DAS TOTENBUCH

Damit der Tote die Reise durch *Duat*, die Unterwelt mit Feuerseen, Schlangen und Dämonen, überstand, gab man ihm ein Totenbuch mit Sprüchen und Gebeten mit. Besonders wichtig war der Spruch, der dem Toten helfen sollte, seinen Namen nicht zu vergessen. Der eigene Name war wie ein Beweis des Lebens. Ohne ihn existierte man nicht mehr.

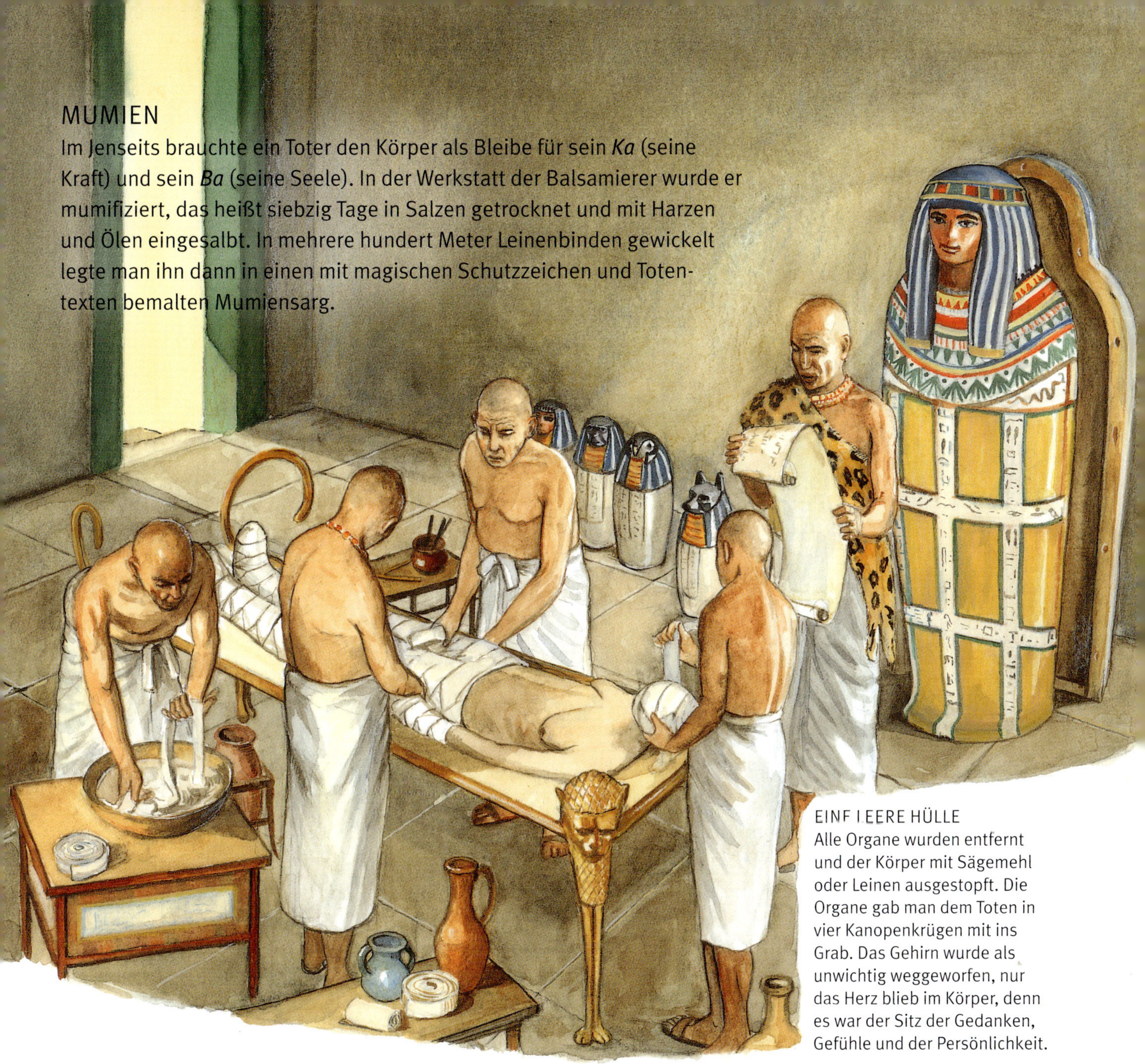

MUMIEN

Im Jenseits brauchte ein Toter den Körper als Bleibe für sein *Ka* (seine Kraft) und sein *Ba* (seine Seele). In der Werkstatt der Balsamierer wurde er mumifiziert, das heißt siebzig Tage in Salzen getrocknet und mit Harzen und Ölen eingesalbt. In mehrere hundert Meter Leinenbinden gewickelt legte man ihn dann in einen mit magischen Schutzzeichen und Totentexten bemalten Mumiensarg.

EINE LEERE HÜLLE

Alle Organe wurden entfernt und der Körper mit Sägemehl oder Leinen ausgestopft. Die Organe gab man dem Toten in vier Kanopenkrügen mit ins Grab. Das Gehirn wurde als unwichtig weggeworfen, nur das Herz blieb im Körper, denn es war der Sitz der Gedanken, Gefühle und der Persönlichkeit.

SCHON GEWUSST?

Bei der Computertomographie wird ein Körper von Kopf bis Fuß schichtweise mit Röntgenstrahlen von einem Scanner durchleuchtet. Die Daten werden in einem Computer gespeichert. Man kann mit ihnen von jedem Körperausschnitt dreidimensionale Bilder erstellen und sie von allen Seiten betrachten. Die Strahlen des Scanners sind so empfindlich, dass man auch durch einen Mumiensarg hindurch deutlich zwischen Knochen, Haut, Leinenbinden oder Amuletten unterscheiden kann. So kann man auch manche kostbar bemalten Mumiensärge aus einem zerbrechlichen Gips-Leinen-Gemisch (»Kartonage«) untersuchen, ohne sie zu zerstören.

25

KUNST FÜR KÖNIGE UND GÖTTER

IRSU, DER MALER

Achet, 28. Tag des 4. Monats der Überschwemmung

Irsu kniete auf einem Holzgerüst und malte das Kleid der Göttin Isis weiß. Um ihn herum standen Künstler, weiter unten im Grab konnte er die Steinmetze mit ihren Meißeln hören und die laute Stimme des Vorarbeiters Neferhotep, der sie antrieb. Warum mussten sie sich nur so beeilen?

Irsu wischte sich den Schweiß von der Stirn. Es war heiß und staubig hier unten. Die Öllampen gaben nicht genug Licht und flackerten, wenn die Arbeiter mit ihren Ledereimern vorbeigingen, um den Schutt der Steinmetze nach draußen zu tragen.

Vorsichtig malte er an der Linie des Kleides entlang. »Wie gefällt dir die Arbeit, Sohn?« Baumeister Hapu war auf seinem Kontrollgang durch das Grab und der Schreiber Thotmes notierte wie jeden Tag den Fortschritt der Arbeit.

»Ohne den Staub und die Hitze wäre es noch besser«, antwortete Irsu.

»Hoffentlich werdet ihr fertig. Die Zeit drängt.«

»Wieso? Neferhotep treibt uns auch schon. Kommt der Wesir schon so bald? Oder ist der König krank?«

Das war er nicht. Aber er war auf einem Kriegszug. Wenn er dabei starb und sein Haus der Ewigkeit nicht fertig war, konnte er nicht ins Jenseits einkehren.

»Weißt du, dass deine Schwester heiraten will?«

»Nefret?« Irsu war überrascht. »Wen denn?«

»Refi! Sepetja ist ganz aufgeregt und ich bin mir noch gar nicht sicher. Aber nach dem Gesetz darf Nefret ja frei wählen.«

›Und das ist auch gut so‹, dachte Irsu und beschloss seinen Freund Huja zu fragen, ob er ihm ein Schmuckstück für sie machen würde. Einen Glücksbringer – einen kleinen Skarabäus vielleicht.

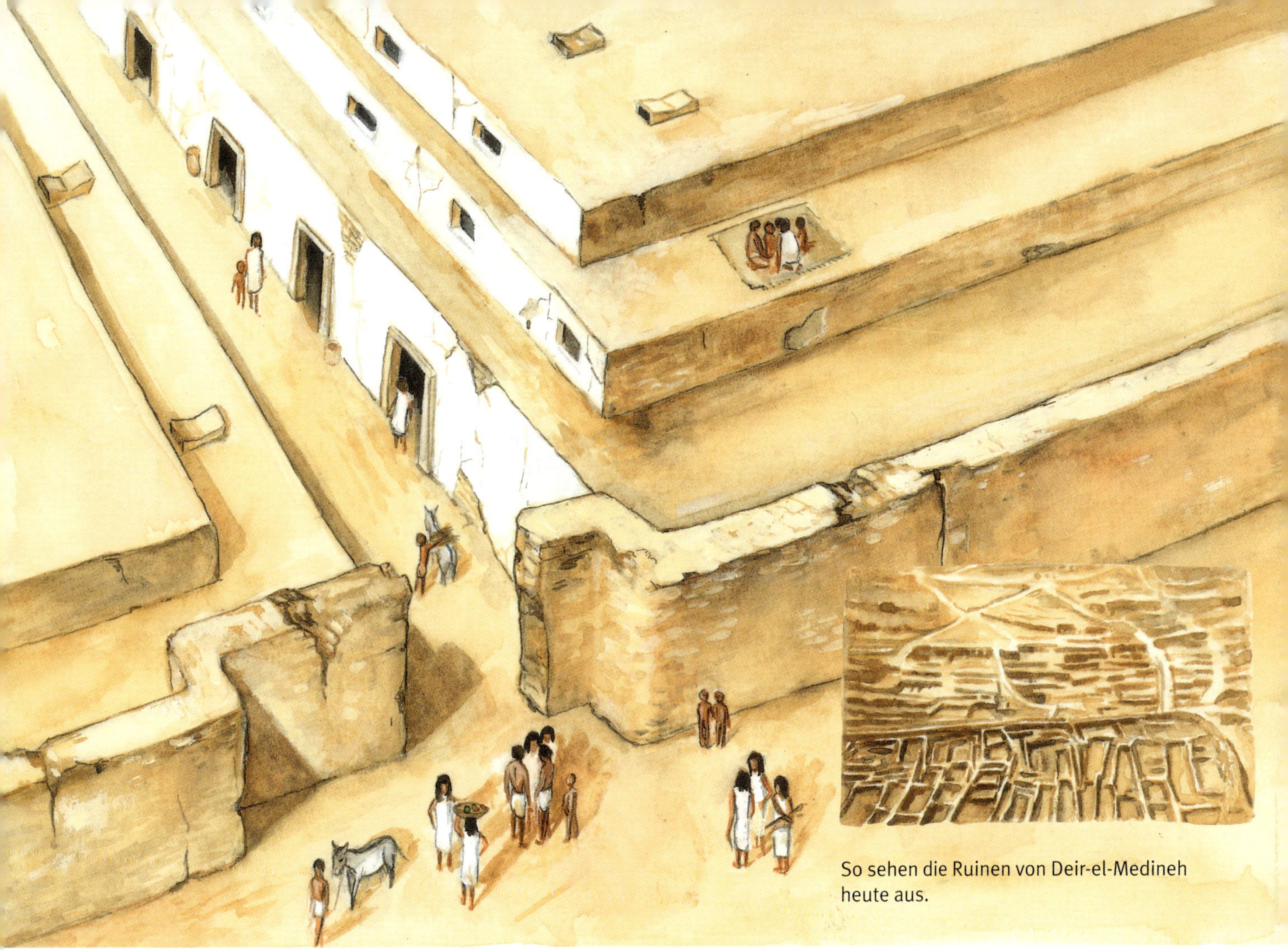

So sehen die Ruinen von Deir-el-Medineh heute aus.

DAS DORF DER HANDWERKER

Die Handwerker und Künstler der Gräber lebten im Tal der Könige in dem eigens für sie gebauten Dorf Deir el-Medineh. Sie nannten sich stolz die »Mannschaft des Pharao«. Zwischen 60 und 100 Menschen arbeiteten an neun Tagen der ägyptischen Woche, am 10. Tag und an Festtagen hatten sie frei. Am 28. Tag eines Monats bekamen sie ihren Lohn in Form von Weizen, Gerste, Gemüse, Bier, Brennholz oder Fisch.

Tonscherbe mit Grundriss

TONSCHERBEN

Ausgrabungen förderten Ostraka (griechisch *ostrakon*, »Scherbe«) zutage. Auf diesen Ton- und Kalksteinscherben fanden sich wie auf Notizzetteln Entwürfe der Maler, Grabpläne, Rechnungen, Notizen von Schreibern und vieles mehr. Das ist ein großes Glück für die Archäologen: Ohne sie wüssten wir heute gar nicht so viel über das Leben der Arbeiter im Tal der Könige. Es wurde etwa auch festgehalten, warum ein Arbeiter nicht erschienen war: »hat sich mit seiner Frau geprügelt«, »wurde vom Skorpion gebissen«, »hat zu viel getrunken«.

27

GRABMALEREI

Waren die Felswände des Grabes glatt genug, wurden die Umrisse der Figuren in einem Raster aufgezeichnet und von einem Bildhauer als flache Reliefs herausgearbeitet. Dann wurde die Wand geglättet, mit Gips ausgebessert und übertüncht. In Pharao Haremhabs Grab war dieser Hintergrund zum ersten Mal nicht weiß, sondern graublau, deshalb traten die Figuren und Hieroglyphen (griechisch »heilige Bilderzeichen«, mehr dazu auf S. 42 bis 46) noch stärker hervor, als sie schließlich von Malern farbig ausgemalt wurden. Dieses Bild zeigt den Pharao, der zur Göttin Isis betet.

Die Göttin ist als Isis erkennbar, weil sie auf dem Kopf ihr Schriftzeichen, den Sitz oder Thron, trägt. In der Hand hält sie das *Anch*-Zeichen für »Leben« und das *Uas*-Zepter der Königswürde. Die Hieroglyphen beschreiben sie als »Gottesmutter, Herrin des Himmels und Gebieterin aller Götter«.

Der Pharao trägt ein *Nemes*-Kopftuch und das Stirnband mit der *Uräus*-Schlange. Außerdem stehen über seinem Kopf sein Geburtsname und sein Thronname. Königsnamen erkennt man daran, dass sie mit einem ovalen Ring eingefasst sind, dem Königsring. Ring und Buchstabenzeichen werden von Archäologen »Kartusche« genannt.

Menschen und auch Gegenstände wurden flächig dargestellt, sodass man sie aus jedem Blickwinkel sofort erkennen konnte. Deshalb sieht man bei diesen Figuren die Schultern von vorne und das Gesicht und den Rest des Körpers von der Seite. Die Farbe für die Haut der Frauen war Gelb, für die der Männer Rotbraun.

Kalk

Ruß

Ocker

Ägyptischblau

Malachit

WOMIT WURDE GEMALT?

Für die Farben wurden natürliche Rohstoffe zermahlen und mit Wasser vermischt: Kalk für Weiß, Holzkohle oder Ruß für Schwarz, Ocker für Rot und Gelb, Malachit für Grün.

Nur die Handwerker des Pharao kannten darüber hinaus ein Rezept für eine blaue Farbe, die sogar noch nach Tausenden von Jahren strahlt: Ägyptischblau. Sie wird durch vorsichtiges Erhitzen von Quarzsand, Kalk, Soda und Kupfererz hergestellt.

Gemalt wurde entweder mit einem dicken Quast aus Papyrusseilen für große Flächen oder mit Pinseln aus zusammengebundenen und an einem Ende ausgefransten Schilfrohren.

Quast

Pinsel

 MACH MIT!
EIN ÄGYPTISCHES BILD

Malt doch einfach mal ägyptisch! Dafür braucht ihr ein Raster aus Quadraten wie auf dem Bild.
Von den Füßen bis zum Haaransatz muss eine stehende Figur in 18 Quadrate passen. Der Kopfschmuck kann verschieden hoch sein, deshalb wird er nicht mitgerechnet.

2 Quadrate für Gesicht und Hals
2 Quadrate bis zu den Armen
2 Quadrate bis zur Taille
3 Quadrate für Hüften und Becken
8 Quadrate für die Beine
1 Quadrat für die Füße
Armlänge: 5 Quadrate
offene Hand: 2 Quadrate
Fußlänge: 3 Quadrate
Schulterbreite: 6 Quadrate

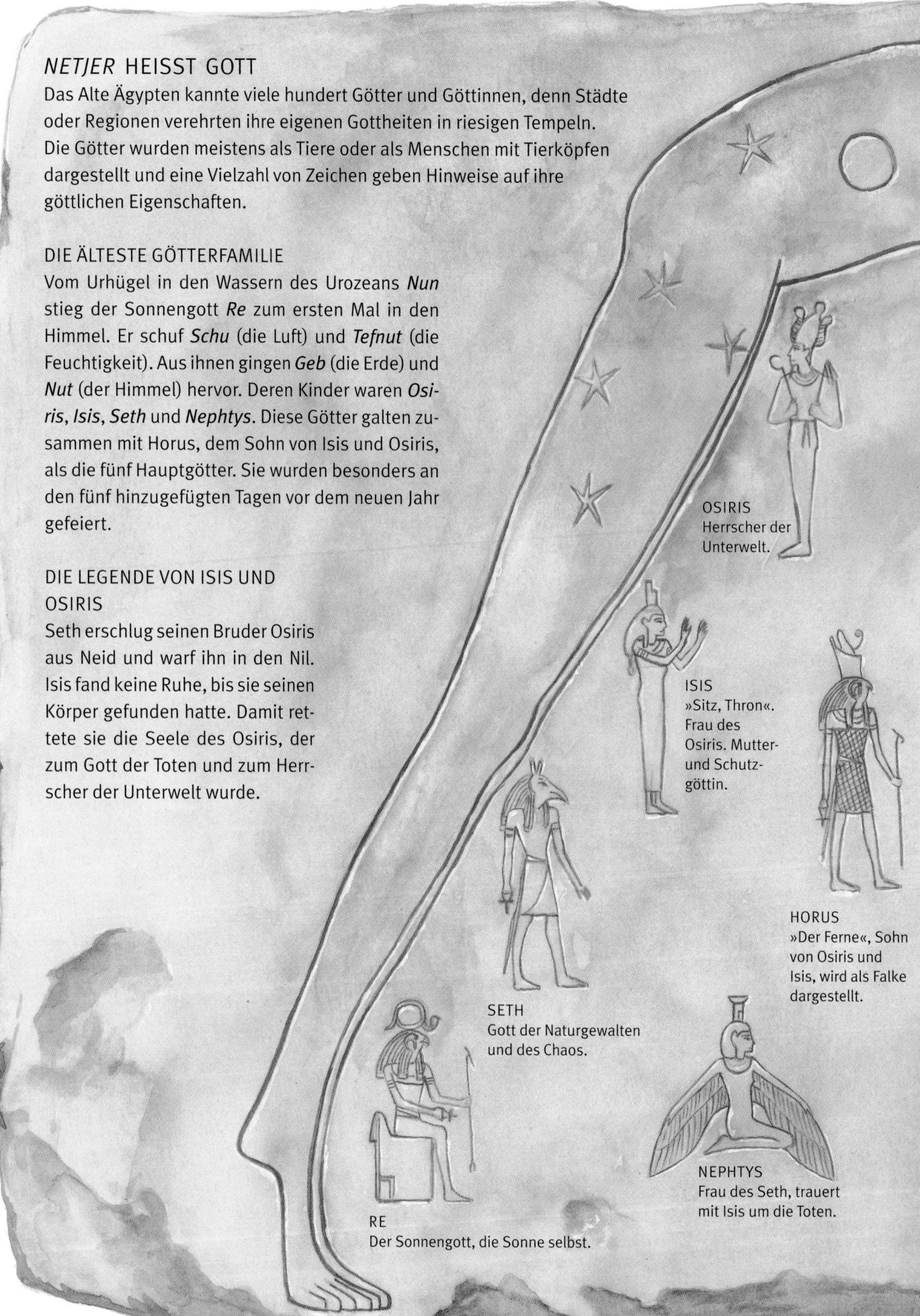

NETJER HEISST GOTT

Das Alte Ägypten kannte viele hundert Götter und Göttinnen, denn Städte oder Regionen verehrten ihre eigenen Gottheiten in riesigen Tempeln. Die Götter wurden meistens als Tiere oder als Menschen mit Tierköpfen dargestellt und eine Vielzahl von Zeichen geben Hinweise auf ihre göttlichen Eigenschaften.

DIE ÄLTESTE GÖTTERFAMILIE

Vom Urhügel in den Wassern des Urozeans *Nun* stieg der Sonnengott *Re* zum ersten Mal in den Himmel. Er schuf *Schu* (die Luft) und *Tefnut* (die Feuchtigkeit). Aus ihnen gingen *Geb* (die Erde) und *Nut* (der Himmel) hervor. Deren Kinder waren *Osiris*, *Isis*, *Seth* und *Nephtys*. Diese Götter galten zusammen mit Horus, dem Sohn von Isis und Osiris, als die fünf Hauptgötter. Sie wurden besonders an den fünf hinzugefügten Tagen vor dem neuen Jahr gefeiert.

DIE LEGENDE VON ISIS UND OSIRIS

Seth erschlug seinen Bruder Osiris aus Neid und warf ihn in den Nil. Isis fand keine Ruhe, bis sie seinen Körper gefunden hatte. Damit rettete sie die Seele des Osiris, der zum Gott der Toten und zum Herrscher der Unterwelt wurde.

OSIRIS
Herrscher der Unterwelt.

ISIS
»Sitz, Thron«. Frau des Osiris. Mutter- und Schutzgöttin.

HORUS
»Der Ferne«, Sohn von Osiris und Isis, wird als Falke dargestellt.

SETH
Gott der Naturgewalten und des Chaos.

NEPHTYS
Frau des Seth, trauert mit Isis um die Toten.

RE
Der Sonnengott, die Sonne selbst.

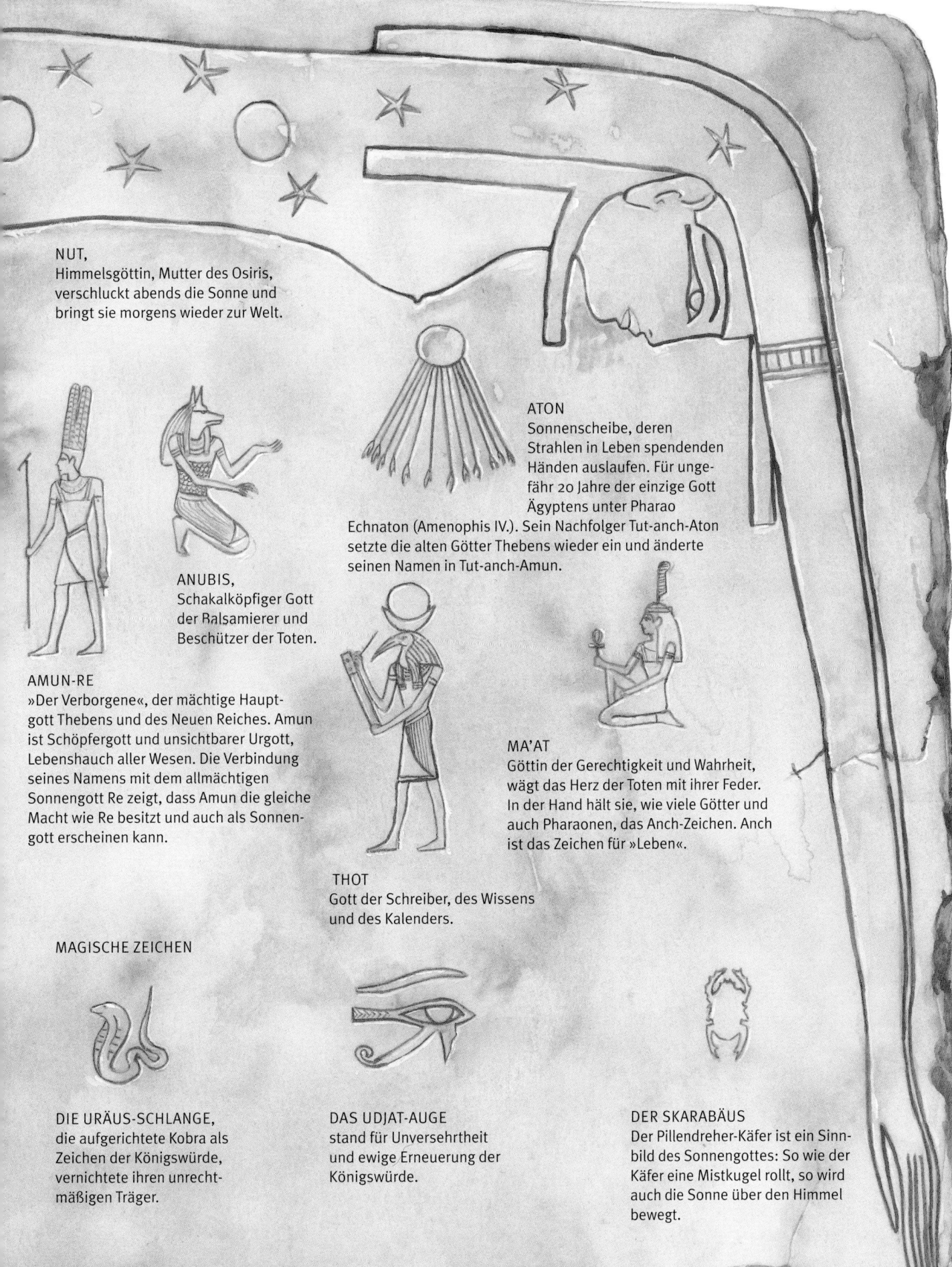

NUT,
Himmelsgöttin, Mutter des Osiris,
verschluckt abends die Sonne und
bringt sie morgens wieder zur Welt.

ATON
Sonnenscheibe, deren
Strahlen in Leben spendenden
Händen auslaufen. Für unge-
fähr 20 Jahre der einzige Gott
Ägyptens unter Pharao
Echnaton (Amenophis IV.). Sein Nachfolger Tut-anch-Aton
setzte die alten Götter Thebens wieder ein und änderte
seinen Namen in Tut-anch-Amun.

ANUBIS,
Schakalköpfiger Gott
der Balsamierer und
Beschützer der Toten.

AMUN-RE
»Der Verborgene«, der mächtige Haupt-
gott Thebens und des Neuen Reiches. Amun
ist Schöpfergott und unsichtbarer Urgott,
Lebenshauch aller Wesen. Die Verbindung
seines Namens mit dem allmächtigen
Sonnengott Re zeigt, dass Amun die gleiche
Macht wie Re besitzt und auch als Sonnengott erscheinen kann.

MA'AT
Göttin der Gerechtigkeit und Wahrheit,
wägt das Herz der Toten mit ihrer Feder.
In der Hand hält sie, wie viele Götter und
auch Pharaonen, das Anch-Zeichen. Anch
ist das Zeichen für »Leben«.

THOT
Gott der Schreiber, des Wissens
und des Kalenders.

MAGISCHE ZEICHEN

DIE URÄUS-SCHLANGE,
die aufgerichtete Kobra als
Zeichen der Königswürde,
vernichtete ihren unrecht-
mäßigen Träger.

DAS UDJAT-AUGE
stand für Unversehrtheit
und ewige Erneuerung der
Königswürde.

DER SKARABÄUS
Der Pillendreher-Käfer ist ein Sinn-
bild des Sonnengottes: So wie der
Käfer eine Mistkugel rollt, so wird
auch die Sonne über den Himmel
bewegt.

TEMPEL UND PALÄSTE

SEPETJA BEFRAGT DAS ORAKEL AMUNS
Peret, 10. Tag des 3. Monats der Aussaat

Sepetja wartete lange und mit gesenktem Kopf auf ein Zeichen des Gottes und beobachtete gespannt die Füße der Priester. Endlich traten sie einen Schritt vor. Amun-Re bejahte ihre Frage!

Wie im Traum ging sie wieder zurück an den Rand der Sphinxenallee. Sie war einfach aus tiefstem Herzen froh.

»Kaufst du mir jetzt die Maus?«, fragte Hesi und zog an Sepetjas Kleid. Sie kam schnell wieder in die Wirklichkeit zurück.

»Ja natürlich, Hesi«, lachte sie. »Du bekommst deine Maus!« Sie gingen zu den Ständen der Händler.

»Hesi?«, rief Sepetja plötzlich und sah sich um. Ihr wahrer Wüstenwind von einem Sohn war im Gewühl verschwunden.

»He, gib das wieder her! Sofort!«, rief jemand. Und da kam Hesi auch schon aus einem Menschenknäuel gelaufen.

»Hesi! Was hast du gemacht?«, fragte Sepetja.

Sepetja war froh. Ihre Tochter Nefret würde mit Refi glücklich werden, das hatte ihr der Gott Amun-Re geweissagt.

Sie hatte mit Hesi an den Doppeltürmen des Amun-Tempels gewartet. Endlich schwangen die Tore auf und die Sonnenbarke mit dem verborgenen Bild des Gottes wurde auf den Schultern der Priester herausgetragen. Mutig hatte sie sich vor all den jubelnden Menschen vor die Barke gekniet. Und das Wunder war geschehen! Die Prozession blieb stehen, Amun-Re wollte ihre Frage hören. Ob ihre Tochter glücklich werden würde, fragte sie.

»Ich wollte dir nur die Maus zeigen. Und da hat der Mann angefangen zu brüllen.«

Mit beiden Händen umklammerte Hesi eine Holzmaus. Sie war sein Traumspielzeug, seitdem er sie bei seinem Freund Pijai gesehen hatte. Aber Sepetja konnte heute nicht mit ihm schimpfen. Sie bezahlte dem Händler die Maus.

Und auf dem Heimweg zog Hesi immer wieder glücklich an der Schnur, die den Schwanz der Maus auf und ab bewegte!

DIE TEMPEL VON THEBEN

Die riesigen Göttertempel Ägyptens überall am Nil haben Besucher schon immer beeindruckt. Die großartigsten Tempel des ehemaligen Theben sind die Tempel von Karnak und Luxor. Wie groß sie einst wirklich waren, können Archäologen heute am besten mit Luftbildern feststellen.

WAHRZEICHEN DES NEUEN REICHES

Der Reichstempel des Sonnengottes Amun-Re im heutigen Karnak war der Mittelpunkt von Theben oder *Waset*, wie die Ägypter es nannten. Er wurde durch Säulenhallen, Innenhöfe, Obelisken, Statuen oder riesige Eingangstore mit Doppeltürmen immer wieder vergrößert. Eine mehrere Kilometer lange Sphinxenallee führte an Tempeln anderer Götter vorbei bis zum Amun-Tempel in Luxor.

Luftbildaufnahme der Oase Baharia

SCHON GEWUSST?

Die Luftbildarchäologie beschäftigt sich mit dem Auswerten von Fotos aus der Luft oder aus Satelliten. Mit den Aufnahmen ist es möglich, Tempel, Paläste und Straßenverläufe versunkener Städte zu erfassen und ihre wahre Ausdehnung zu erkennen. Sie werden ausgemessen und auf Landkarten eingezeichnet. Mit diesen Messungen kann man originalgetreue Modelle der Bauten oder Städte herstellen.

DAS HEILIGTUM AUF DEM URHÜGEL

Der bedeutendste Teil des Tempels, das Heiligtum mit der Barke Amun-Res, lag höher als der restliche Tempel und symbolisierte den Urhügel. Die Säulen der Hallen um das Heiligtum waren wie die Papyrus- oder Lotospflanzen aus den Sümpfen um den Urhügel geformt. Von allen Priestern durfte sich nur der Hohepriester, der »Erste Diener Gottes«, der Statue Amun-Res nähern.

PALÄSTE DER PHARAONEN

Um 1350 v. Chr. gründeten Echnaton (Amenophis IV.) und Nofretete im fünften Jahr ihrer Regierung die neue Hauptstadt Achetaton zwischen Memphis und Theben am Nil und bestimmten den Gott Aton, die Sonnenscheibe, zum alleinigen Gott. Vermutlich konnte Echnaton die übergroße Macht Amuns und seiner Priester in Theben nur so ausschalten.

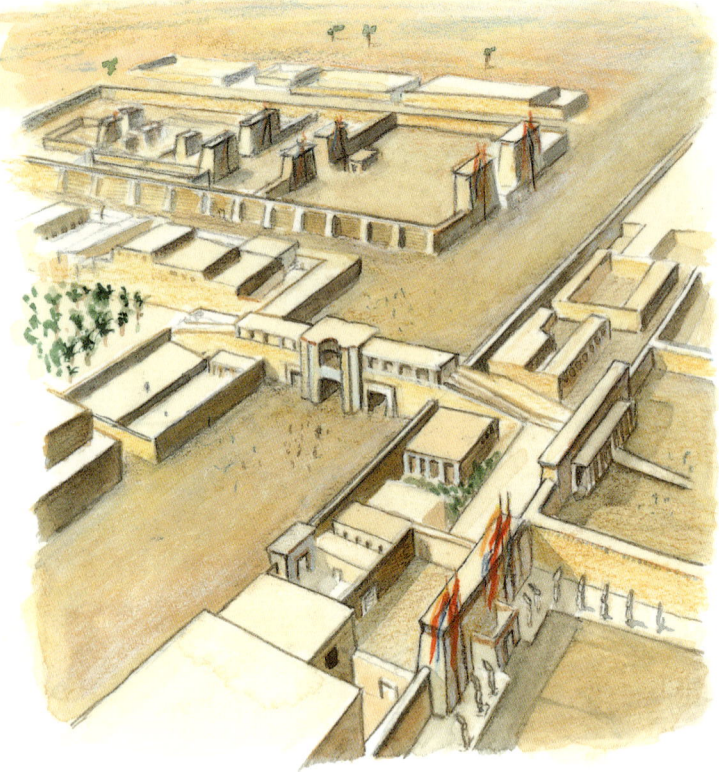

GIGANTISCH

Zwei Jahre später war die 10 x 4 Kilometer große Stadt aus dem Wüstenboden gestampft: Ein riesiger Aton-Tempel (5) war über die Königsstraße (1) mit dem Privatpalast (2) verbunden, der prachtvoll mit Säulenhallen, Innenhöfen, künstlich bewässerten Gärten und Teichen ausgestattet war. Vom Privatpalast zum Großen Palast (4) mit dem Thronsaal gelangte man über eine überdachte Holzbrücke (3) mit einer Öffnung, dem »Fenster der Erscheinung«. Hier zeigte sich der Pharao mit seiner Familie jeden Morgen der Bevölkerung.

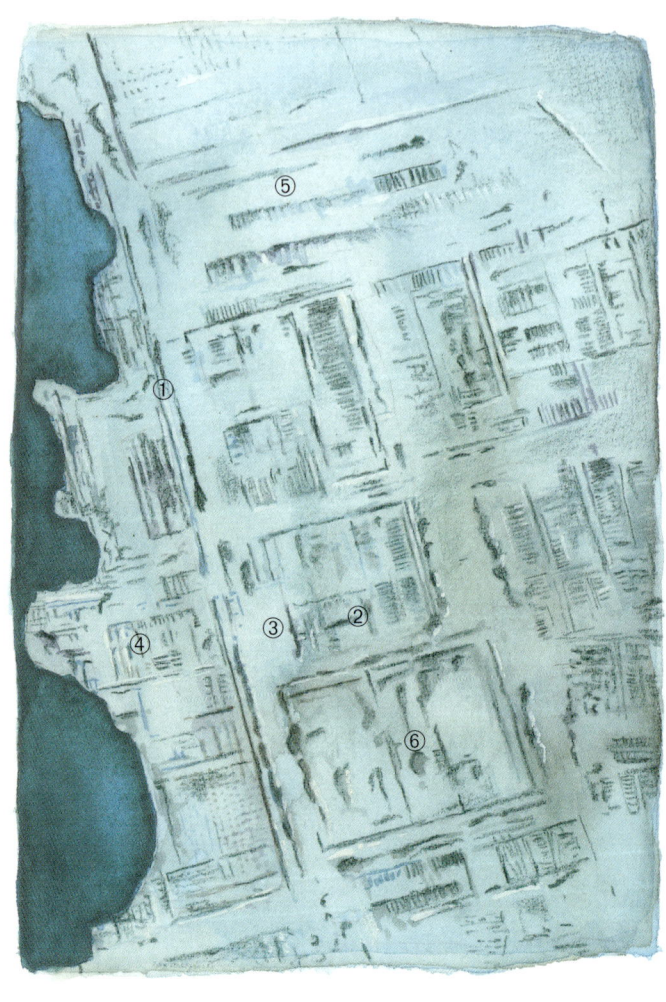

UNTERGANG

Zwanzig Jahre später, nach dem Tod des Pharaos, verfiel die Stadt und die Amunpriester in Theben gewannen wieder ihre alte Macht. Bilder und Kartuschen Echnatons und seiner Familie wurden aus den Monumenten gemeißelt. Es war die schlimmste Strafe für Ägypter: Ohne Namen würden sie nicht im Jenseits leben können.

Wesir Eje und General Haremhab setzten als königlichen Nachfolger ein Kind auf den Thron: den zehnjährigen Tut-anch-Amun.

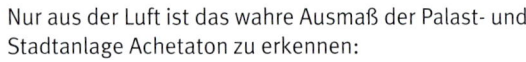

Nur aus der Luft ist das wahre Ausmaß der Palast- und Stadtanlage Achetaton zu erkennen:
① Königsstraße ② Privatpalast des Pharao ③ Brücke
④ Großer Palast ⑤ großer Aton-Tempel ⑥ kleiner Tempel

ALEXANDRIA

Alexander der Große (s. Zeittafel S. 58) gründete 331 v. Chr. die Stadt Alexandria im Westen des Nildeltas. Mit 500 000 Einwohnern war sie eine antike Weltstadt mit der berühmtesten Bibliothek, mit Tempeln, Palästen und einem Handelshafen. Auf der Insel Pharus am Hafeneingang stand der Leuchtturm, der zu den sieben Weltwundern gehörte.

KLEOPATRA VII.

Hier lebte bis 30 v. Chr. die letzte Pharaonin in solchem Luxus, dass sogar Römer wie Caesar und Marcus Antonius beeindruckt waren. Die Paläste waren aus Marmor und Kalkstein, ein Tempel (das *Serapeion*) hatte sogar ein vergoldetes Dach. 30 v. Chr. konnte Kleopatra ihre Herrschaft gegen die Römer nicht mehr halten. Nach ihrem Selbstmord wurde Ägypten zu einer römischen Provinz. Im Jahr 335 n. Chr. versanken die königlichen Paläste und Tempel bei einem Erdbeben im Hafenbecken von Alexandria.

ZEITUNGSMELDUNG

November 1997

Auf dem Meeresgrund vor der ägyptischen Hafenstadt Alexandria haben Unterwasser-Archäologen Überreste von versunkenen Tempeln und Palästen gefunden. Es wird überlegt, ein riesiges Wassermuseum zu bauen.

SCHON GEWUSST?

Unterwasserarchäologie ist nicht nur einfach das Tauchen nach versunkenen Schätzen. Geräte orten über Funk und Satelliten Gegenstände in trübem Wasser, von denen an Ort und Stelle Kunststoffabdrücke gemacht werden. Mit Hilfe der modernen Technik gelingt es auch, die genaue Lage der versunkenen Inseln und Paläste Alexandrias auf Karten einzuzeichnen.

DER NIL – LEBENSADER ÄGYPTENS

Schon vor ungefähr 6000 Jahren, lange vor dem Pharaonenreich, haben Menschen am Nil gesiedelt. Archäologen haben Überreste von Häusern oder Tongefäßen ausgegraben, die dies beweisen. Als das Land im Westen sich immer mehr in eine Wüste verwandelte, konnten die Menschen am Fluss überleben. Im Alten Reich glaubten die Ägypter, dass der Nil am »Ende der Welt« – sie vermuteten es bei Elephantine – aus dem Urozean *Nun* entsprang.

WO ENTSPRINGT DER NIL?

Erst im 19. Jahrhundert gelang es mehreren Forschern durch Expeditionen festzustellen, dass der Nil sich aus drei großen Flüssen zusammensetzt. Der »Weiße Nil« entspringt im Victoria-See, bei Khartum mündet der »Blaue Nil« in den Weißen Nil und 300 km weiter nördlich der Fluss Atbara. Der Nil fließt dann bis nach Memphis, wo er sich in viele Arme teilt und ins Mittelmeer mündet. Die Griechen nannten das Mündungsgebiet Delta, weil es die Form ihres Buchstabens Δ (*delta*) hatte.

Im Juni begann die Hauptregenzeit in Äthiopien. Der Nil schwoll an und wälzte die Wassermassen von dort nach Norden. »Das Land sieht aus wie ein Meer«, so erzählte schon Herodot über Ägypten. Heute wird das Wasser durch den Staudamm in Assuan im 550 km langen Nassersee aufgefangen und überschwemmt das Niltal und das Nildelta nicht mehr.

MACH MIT!

KNIFFLIGES NILRÄTSEL

Diese acht Begriffe verstecken sich waagerecht, senkrecht oder diagonal in den Buchstaben:

1. Schiff auf dem Nil,
2. Uferpflanze
3. Krokodilgott
4. Mündungsgebiet des Nil
5. Stadt am Nil
6. schwimmt im Nil
7. Nilgott
8. gefährliche Schlange

1. Barke, 2. Papyrus, 3. Sobek, 4. Delta, 5. Theben, 6. Nilpferd, 7. Hapi, 8. Kobra

MITTELMEER · SYRIEN · Alexandria · Giseh · SINAI · Memphis · ARABIEN · Achetaton (Amarna) · ROTES MEER · WESTLICHE WÜSTE · Theben (Luxor) · Elephantine · Assuan · Nil · NUBIEN · PUNT · SUDAN

Der Nil ist mit 6650 km der längste Fluss der Welt und bewässert eine Fläche von 1 293 000 Quadratkilometern.

E	T	H	E	B	E	N	P
K	J	A	A	E	C	A	I
R	E	P	M	A	P	T	K
A	T	I	R	Y	A	L	E
B	I	B	R	O	L	E	B
E	O	U	H	M	I	D	O
K	S	N	I	X	T	O	S
D	R	E	F	P	L	I	N

JAGD

Fische und Vögel gehörten zur täglichen Ernährung, waren aber auch eine beliebte Jagdbeute. Nur der Pharao jagte Großwild wie Löwen, Antilopen oder Gazellen mit dem Speer oder mit Pfeil und Bogen. Nilpferde wurden im Nildelta gejagt, denn sie zertrampelten die Ernte und störten den Bootsverkehr. Das gefährlichste Wassertier war das Krokodil. Es wurde aber als Seele des Gottes *Sobek* verehrt, deshalb jagte man es seit dem Alten Reich nicht mehr.

PFLANZEN UND TIERE

Papyrus und Lotos waren die Symbole für Unter- und Oberägypten. Aus Papyrus stellte man außer Booten oder Matten seit 2600 v. Chr. auch Schreibmaterial (»Papier«) her. Die duftenden Lotosblüten waren Heilpflanze und Haarschmuck.
Haustiere waren wie heute Schafe, Schweine, Esel und Rinder. Katzen, seit dem Neuen Reich die heiligen Tiere der Katzengöttin *Bastet*, wurden sogar mumifiziert! Gefährlich und **g**iftig waren Skorpione, Sandvipern und Kobras.

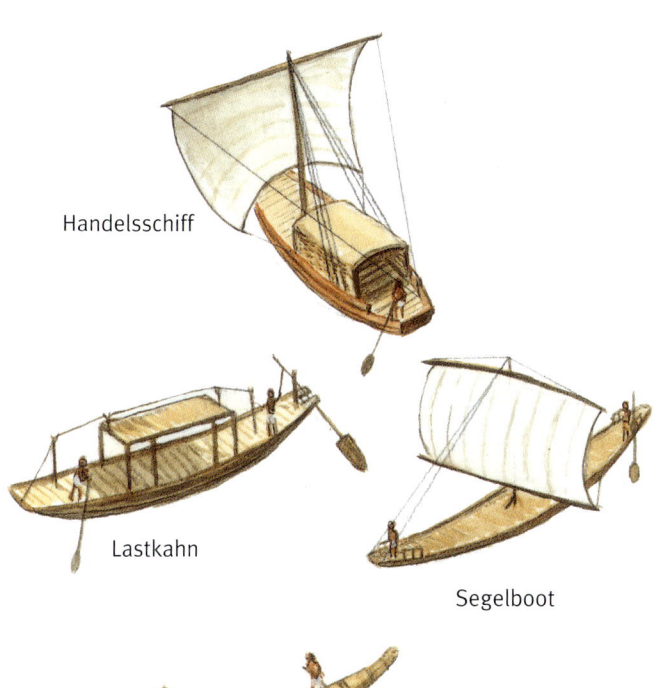

Handelsschiff

Lastkahn

Segelboot

Papyrusfloß

HAUPTVERKEHRSADER

Die Papyrusboote der Fischer wirkten winzig gegen die großen, hölzernen Handelsschiffe oder die Lastschiffe mit Steinblöcken, Korn oder Vieh. Manchmal konnte man auch Schiffe mit heimkehrenden Soldaten oder die Barke des Pharao vorbeifahren sehen. Archäologen fanden neben der Großen Pyramide von Giseh zwei 4600 Jahre alte Königsbarken. Sie setzten aus Einzelteilen 40 m lange Boote mit einer Kabine zusammen. Sie sollten König Cheops im Jenseits als Transportmittel dienen.

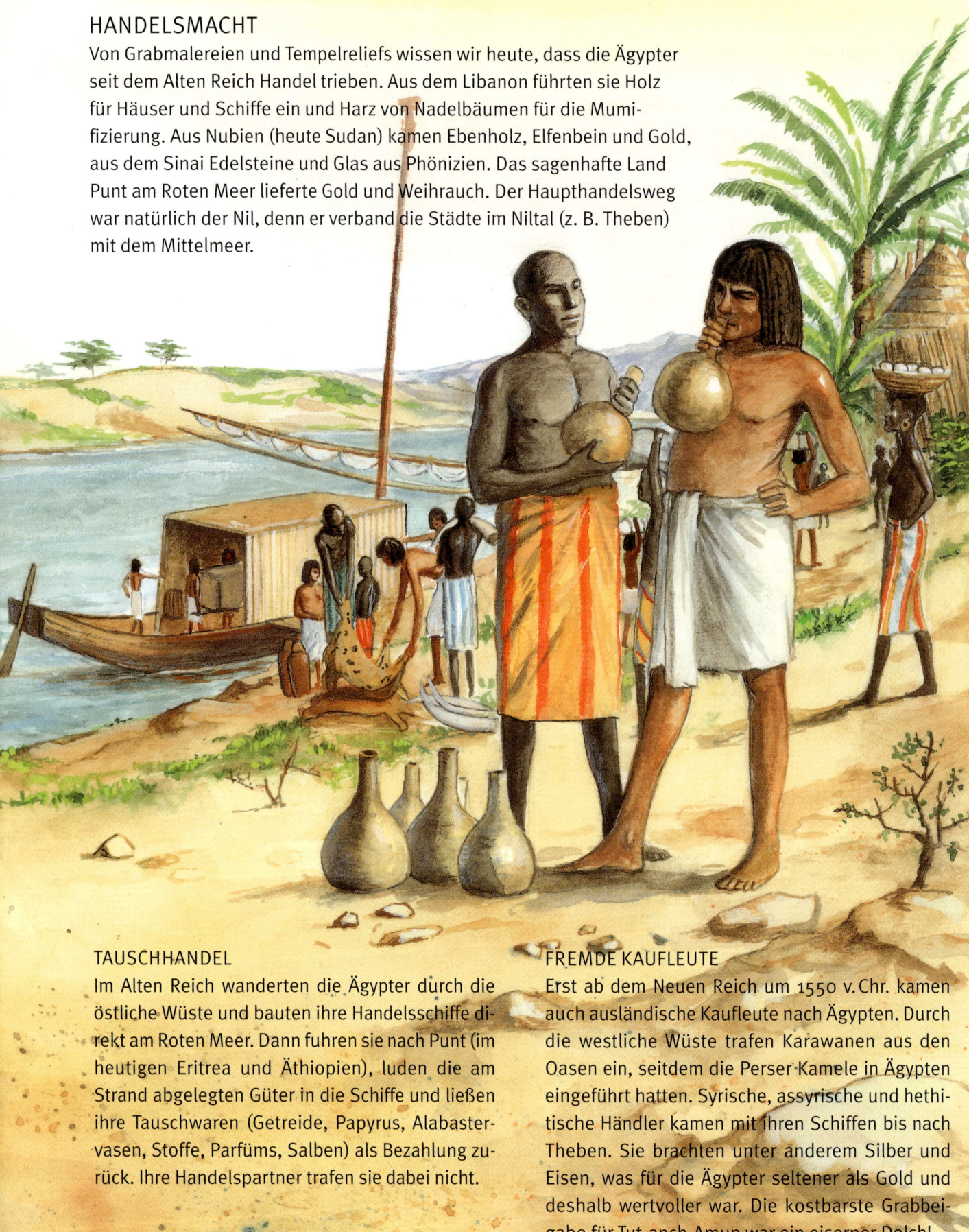

HANDELSMACHT

Von Grabmalereien und Tempelreliefs wissen wir heute, dass die Ägypter seit dem Alten Reich Handel trieben. Aus dem Libanon führten sie Holz für Häuser und Schiffe ein und Harz von Nadelbäumen für die Mumifizierung. Aus Nubien (heute Sudan) kamen Ebenholz, Elfenbein und Gold, aus dem Sinai Edelsteine und Glas aus Phönizien. Das sagenhafte Land Punt am Roten Meer lieferte Gold und Weihrauch. Der Haupthandelsweg war natürlich der Nil, denn er verband die Städte im Niltal (z. B. Theben) mit dem Mittelmeer.

TAUSCHHANDEL

Im Alten Reich wanderten die Ägypter durch die östliche Wüste und bauten ihre Handelsschiffe direkt am Roten Meer. Dann fuhren sie nach Punt (im heutigen Eritrea und Äthiopien), luden die am Strand abgelegten Güter in die Schiffe und ließen ihre Tauschwaren (Getreide, Papyrus, Alabastervasen, Stoffe, Parfüms, Salben) als Bezahlung zurück. Ihre Handelspartner trafen sie dabei nicht.

FREMDE KAUFLEUTE

Erst ab dem Neuen Reich um 1550 v. Chr. kamen auch ausländische Kaufleute nach Ägypten. Durch die westliche Wüste trafen Karawanen aus den Oasen ein, seitdem die Perser Kamele in Ägypten eingeführt hatten. Syrische, assyrische und hethitische Händler kamen mit ihren Schiffen bis nach Theben. Sie brachten unter anderem Silber und Eisen, was für die Ägypter seltener als Gold und deshalb wertvoller war. Die kostbarste Grabbeigabe für Tut-anch-Amun war ein eiserner Dolch!

»SO HÄUFIG WIE STAUB«

Für die anderen Länder schwammen die Ägypter in Gold. Sie begruben ja sogar ihre Könige mit goldenen Totenmasken in massiven Goldsärgen. Gold wurde aus anderen Ländern nach Ägypten eingeführt, aber auch aus den Minen der östlichen und der nubischen Wüste geschürft, wie wir aus noch erhaltenen Karten der Schürfstellen wissen.

KEIN GELD

Auf den Märkten der Städte und Dörfer wurden Früchte, Gemüse, Fische, Bier, Wein und vieles mehr getauscht. Der Wert der Waren wurde in Deben (Kupfergewicht), Seniu (Silbergewicht) oder Getreidesäcken umgerechnet, Geld gab es nicht. Ein Getreidesack war so viel wert wie 2 Deben Kupfer. Ein Arbeiter bekam umgerechnet 7 Deben im Monat und konnte sich davon nicht viel leisten. Sandalen kosteten schon 2 Deben, ein Kleid oder ein einfacher Stuhl 15 Deben, ein kleiner Glücksbringer 1 Deben. Da brachte man lieber etwas selbst Hergestelltes mit und tauschte es ein: Lebensmittel gegen ein Kleid, glasierte Tongefäße gegen Sandalen oder bewegliches Spielzeug gegen ein kleines Töpfchen Salbe.

Totenmaske des Tut-anch-Amun

Schreibpalette mit
Schreibbinsen

DIE HEILIGE BILDERSCHRIFT

RAMOSE, DER SCHREIBER
Schemu, 1. Tag des 1. Monats der Ernte

›Wieso wird ihm das nicht langweilig?‹, dachte Ramose gereizt. Er hatte seinem Bruder Hesi schon dreimal das Märchen vom Löwen und der Maus vorgelesen. Beim Zuhören hatte Hesi seine Spielzeugmaus über Ramoses Knie wandern lassen. Und jetzt hockte er schon wieder vor ihm.
Jedes Mal hatte Ramose das lange Märchen ein bisschen gekürzt und jetzt hatte es sogar nur noch einen Satz. »Also gut«, sagte er. »Der Löwe wollte sich an den Menschen rächen für das, was sie den Tieren antaten, wurde selbst gefangen, aber von einer winzigen Maus aus seinen Fesseln herausgeknabbert.«
Hesi war bitter enttäuscht. »Ich lerne selber lesen!«, sagte er beleidigt. »Wenn ich fünf bin, gehe ich zu Ptah-hotep und lerne lesen.« Damit lief er hinaus zu seinem Freund Pijai.
»Zu Ptah-hotep kannst du deine Maus nicht mitnehmen!«, rief Ramose hinter ihm her.

Er nahm seine Schreibpalette mit den Binsenfedern, dem schwarzen und roten Tintenpulver und hängte sich das Wassertöpfchen um. Dann ging er zum Tempel, wo er mit anderen von Ptah-hotep, dem alten Schreiber, unterrichtet wurde.
Ptah-hotep war ein strenger Mann. Und wenn er diktierte, hörte man nur das eifrige Kratzen der Binsenfedern auf den Tonscherben.
Ramose hatte gelernt, Hunderte von Hieroglyphen zu zeichnen, Briefe zu schreiben und Texte zusammenzufassen. Damit konnte er eines Tages Schreiber werden und den König vielleicht auf einem Kriegszug begleiten. Das war Ramoses Traum. Er würde andere Länder sehen, er würde reisen, er würde ... Au! Das war Ptah-hoteps Stock!
»Das Ohr eines Jungen sitzt auf seinem Rücken, Ramose«, sagte Ptah-hotep. »Er hört, wenn man ihn schlägt. Sieh nicht in die Luft, sondern schreibe. Thot, der Gott des Wissens, ist nicht mit dir zufrieden, wenn du dumm bleibst!«
Ramose riss sich zusammen und schrieb, was Ptah-hotep diktierte: »Schreibe mit deiner Hand und lies mit deinem Mund, dann wird mein Herz des Unterrichts nicht überdrüssig.«

Beschriftete Papyrusrolle

SCHREIBER

Eine Schule, wie wir sie heute kennen, hat es im Alten Ägypten nicht
gegeben. Ein Schreiber lehrte die Hieroglyphenschrift und die hieratische
Schrift (eine Kurzform), indem er aus den Werken anderer Schreiber
diktierte. Seit dem Mittleren Reich (siehe Zeittafel S. 58) lernten Tausende
von Ägyptern in den Tempelbüros schreiben.

SCHREIBERKARRIERE

Schreiber, selten auch Schreiberinnen, waren gebil-
det und hatten als Beamte oft steile Karrieren. Vom
Schreiber, der Getreideernte und Viehzählung über-
wachte, bis zum Schreiber der diplomatischen Briefe des Königs hatten sie Vertrauensstellungen und
durften nicht bestechlich sein.

WER KANN SCHREIBEN?

Auch andere Menschen lernten die Hieroglyphenschrift. Künstler mussten sie beherrschen, damit sie
die Texte in Gräbern, an Tempeln oder Pyramiden
richtig malten oder meißelten und notfalls auch Feh-
ler der Vorzeichner ausbessern konnten. Und wer im
»Haus des Lebens«, im Tempel, Recht oder Medizin
studierte oder als Archivar die Papyrusrollen verwal-
tete, musste die gängigen Schriften kennen und hatte oft auch fremde Sprachen im »Büro der Schriften
Pharaos« gelernt.

KINDER, SPIEL UND SPASS

HESI HAT GEBURTSTAG
Schemu, 30. Tag des 3. Monats der Ernte

»Sagst du ihn mir jetzt? Bitte!«

Hesi reckte sich vor Sepetja in die Höhe, aber eigentlich konnte man ihn nicht übersehen. Der ganze Hesi strahlte, denn heute hatte er Geburtstag.

Die ganze Familie hatte ihn schon in seinem neuen Lendenschurz bewundert. Jetzt lief er nicht mehr nackt herum wie die anderen kleinen Kinder – jetzt war er schon fast erwachsen! Sein Bruder Ramose hatte ihn damit geärgert, dass niemand für einen solchen Winzling wie ihn einen Lendenschurz machen würde. Aber Hesi wusste, dass Ptah-hotep ihn nicht ohne Bekleidung im Unterricht geduldet hätte.

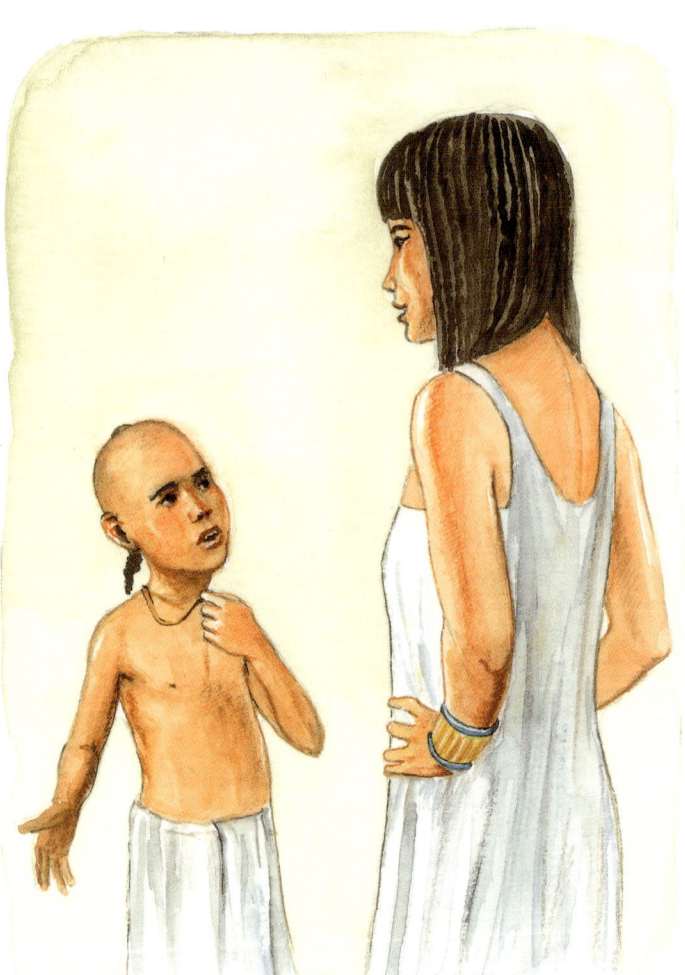

»Bitte! Ich bin doch jetzt schon groß!«

Sepetja schüttelte den Kopf. Sie schaute weiter durch die offene Tür und fragte sich zum hundertsten Mal, wo ihr Mann so lange blieb. Der Wesir hatte Hapu zu sich befohlen. Das war nie ein gutes Zeichen.

Hesi spielte mit der kleinen Türkisperle an seiner Halskette und sah seine Mutter böse an. Als sie sich umdrehte, musste sie lachen.

»Hesi, diese Perle hält den bösen Blick von dir fern. Aber wenn du selbst so böse aussiehst, kann sie dir nicht helfen!«

»Dann sag ihn mir doch, ja? Irsu weiß seinen auch! Er heißt ›der Maler‹.«

Sepetja seufzte. »Hör zu, Hesi. Dein geheimer Name ist geheim, damit er wirkt. Er ist mein Wunsch an die Götter, den ich bei deiner Geburt vor fünf Jahren ausgesprochen habe.«

Hesi ließ den Kopf hängen.

»Aber Hesi!«, sagte Sepetja. »Ich kann euch eure geheimen Namen erst sagen, wenn mein Wunsch für euer Leben in Erfüllung gegangen ist. Irsu heißt ›Maler‹, weil ich mir gewünscht habe, dass er ein Künstler wird. Du musst noch ein bisschen warten.«

Hesi nickte zögernd mit dem Kopf. Er wollte ja, dass Sepetjas Wunsch sich erfüllte!

»Sepetja?« Hapu war zurück und erzählte freudestrahlend, dass der Wesir sehr zufrieden mit dem Grab des Königs war und beeindruckt von Irsus Talent. Deshalb lud er Hapu mit seiner Familie zum ersten Tag der Heriu Renpet in seinen Palast ein.

Und dann gab Hapu Hesi eine nagelneue Schreibpalette mit Tintenpulver, Binsenfedern und Wassertöpfchen!

»Für deinen Geburtstag, Sohn!«, sagte er lächelnd und strich ihm über den Kopf.

CHERED HEISST DAS KIND

Die Ägypter liebten ihre Kinder. Hatten sie ihnen einen Namen (*Ren*) gegeben, bedeutete das gleichzeitig, dass sie die Verantwortung für sie übernahmen. *It*, der Vater, und *Mut*, die Mutter, kamen der Pflicht des Wortes *Renen* nach – es bedeutete »ernähren« und »erziehen« –, damit die Kinder in der Welt zurechtkommen würden. Dass dies gelänge, dafür beteten sie zur Göttin der Ernte und der Fruchtbarkeit *Renenutet*, der »Ernährerin«.

Ramses II. als Kind

Pharaoh Echnaton und seine Frau Nofretete ließen sich gern mit ihren Kindern darstellen.

HÖFLICHKEIT UND ACHTUNG

Auf Erziehung wurde großen Wert gelegt. Kinder lernten, die Wahrheitsgöttin Ma'at zu achten: Sie sollten die Wahrheit lieben, die Lüge hassen, zuhören können und Versprechen halten. Wie ein Pharao sich um das Begräbnis seines Vorgängers zu kümmern hatte, so mussten Kinder für das Begräbnis der Eltern sorgen und sie durch das Aussprechen ihres Namens weiterleben lassen.

GLEICHES RECHT

Die Mädchen heirateten mit zwölf bis vierzehn Jahren, Jungen ab vierzehn Jahren. Damit galten sie als erwachsen. Die Jungen lernten zumeist den Beruf ihres Vaters. Viele Mädchen arbeiteten in reichen Haushalten als Dienstboten, übten aber auch handwerkliche Berufe aus. Frauen führten die Geschäfte ihrer Männer weiter, wenn sie verwitwet waren, denn sie hatten die gleichen Rechte. Erst ab der Herrschaft der Griechen und Ptolemäer (siehe Zeittafel S. 58) brauchten sie einen Vormund für die Verwaltung ihrer Güter!

Schwerstarbeit mit 14 Jahren: Alabastergefäße werden mit dem Steinbohrer ausgehöhlt.

SPORT UND SPIEL

Steinerne Reliefs und Malereien zeigen eine Vielzahl von Sportgeräten, Wettkämpfen und Tänzen. Beim *Sed*-Fest, einem Jubiläumsfest anlässlich seiner Krönung, musste sogar der Pharao beweisen, dass er körperlich leistungsfähig war, und viermal hintereinander einen Lauf um abgesteckte Punkte vollziehen. Er erneuerte damit symbolisch seinen Besitz Ägyptens in alle vier Himmelsrichtungen.

KINDERSPIELE

Die Kinder spielten Bockspringen, Tauziehen und Reiterspiele. Sie jonglierten mit Bällen oder warfen sie auf ein Ziel. Sie hatten aber auch Holzpuppen mit Haaren aus Perlen, Kreisel aus glasiertem Quarzsand oder Pferde auf Rädern, die sie hinter sich herzogen. Holzmäuse, Krokodile oder Löwen waren sogar beweglich: Mit einer Schnur wurde der Schwanz oder der Unterkiefer auf und ab bewegt.

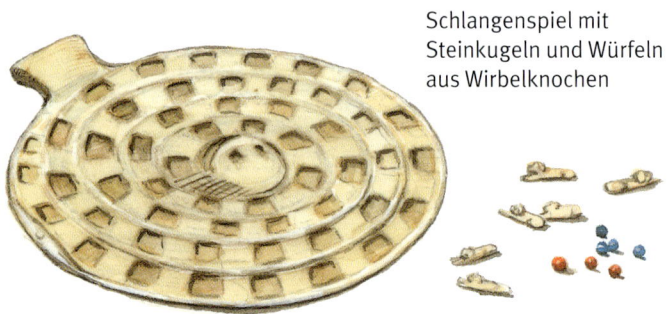

Schlangenspiel mit Steinkugeln und Würfeln aus Wirbelknochen

BRETTSPIELE

Das »Schlangenspiel« ist das älteste Spiel der Welt und bestand aus einer Steinscheibe in Form einer geringelten Schlange. In Vertiefungen wurden Steinkugeln vorwärts bewegt, bis man in der Mitte beim Schlangenkopf angekommen war.

Bei »Hund und Schakal« mussten wahrscheinlich die Elfenbeinstäbchen mit den Tierköpfen bis zur aufgemalten Blattkrone einer Palme gezogen werden. Gewürfelt wurde mit Stöckchen oder Wirbelknochen. Die Tierstäbchen und die Würfel wurden in einer Schublade unter dem Spielbrett aufgehoben.

Spieltischchen für das Spiel »Hund und Schakal«

MACH MIT!
DAS SENET-SPIEL

Bei diesem Spiel kämpfen die Kräfte des Bösen gegen den Spieler und wollen verhindern, dass er zu Osiris in die Unterwelt gelangt. Leider sind die Regeln verloren gegangen, aber Ägyptologen haben versucht, sie nachzuvollziehen.

Spieler: 2

Spielfiguren:
Ein Spieler bekommt 5 gelbe Figuren, der andere fünf rote (aus dem Mensch-ärgere-dich-nicht-Spiel). Die Figuren werden farblich abwechselnd in die Felder der ersten Reihe gesetzt. Gelb beginnt.

Spielbrett:
30 Spielfelder, die in einer Schlangenlinie durchlaufen werden müssen.
1. Reihe von links nach rechts
2. Reihe von rechts nach links
3. Reihe von links nach rechts

Felder 26–29:

 3 x Herz + Luftröhre = sicheres Feld. Keiner darf Figuren austauschen.

 3 x Wasser = so weit es geht auf die mittlere Reihe zurückspringen.

3 x Ibis = sicheres Feld. Keiner darf Figuren austauschen.

 2 x Sitzender Mann = sicheres Feld. Keiner darf Figuren austauschen.

Wurfstöckchen:
Vier Stöckchen werfen (auf einer Seite schwarz, auf der anderen weiß). Je nachdem, wie viele weiße Seiten nach oben zeigen (1–4) entsprechend viele Felder vorwärts ziehen. 4 schwarze Seiten oben bedeuten eine 6.

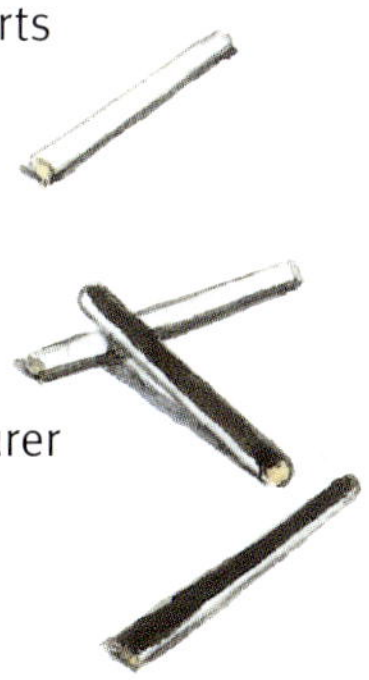

Regeln:
1. Die Stöckchen werfen. Bei 1, 4 oder 6 dürft ihr ziehen und noch einmal werfen.
2. Nicht auf ein Feld setzen, auf dem schon eine eurer Figuren steht.
3. Trefft ihr ein Feld mit einer Figur eures Gegners, muss er den Platz mit euch tauschen.
4. Wenn drei oder mehr Figuren eures Gegners hintereinander stehen, könnt ihr sie nicht überspringen.
5. Wenn zwei Figuren eures Gegners ein Paar bilden, könnt ihr keine davon tauschen.
6. Der erste Stein kann erst aus dem Spielfeld geworfen werden, wenn alle eure Steine die erste Reihe verlassen haben.
7. Wer als Erster keine Figuren mehr auf dem Brett hat, ist Sieger.

FESTE – UND WAS DAZUGEHÖRT

NEFRETS HOCHZEITSTAG
Heriu Renpet – Festtag des Osiris

»Komm, Herrin meines Hauses«, sagte Refi.
Nefret lächelte ihn an. Heute Morgen war sie in
ihrem schönsten Kleid zu seinem Haus gegangen.
Refi hatte die Tür geöffnet und hatte zu ihr gesagt:
›Du bist meine Gattin.‹ Und sie hatte ihm geant-
wortet: ›Du bist mein Gatte.‹ Damit war sie verhei-
ratet und die Herrin von Refis Haus. Nun gingen
beide zu Hapu und Sepetja zurück, denn die ganze
Familie war zum Bankett im Palast des Wesirs
Majunacht eingeladen. Es war ein Tag der Aufre-
gungen!
Hesi hopste schon ungeduldig vor der Tür herum,
als sie kamen. Er hatte doch ein Geschenk für seine
Schwester!
»Da«, sagte er, »das hab ich dir gemacht.« Er gab
Nefret ein Tontäfelchen. Etwas krakelig stand da
ein Wort in roter Tinte.
»Senet«, las Nefret vor.
»Das hast du ganz allein
geschrieben?«

Hesi nickte. Sie musste ja nicht wissen, dass Ptah-
hotep ihm bei dem Wort für »Schwester« geholfen
hatte. »Es ist wunderschön. Danke, Hesi«, sagte
Nefret. Hesi war sehr stolz auf sich.
Von Irsu bekam Nefret den kleinen Skarabäus-
Glücksbringer, den sein Freund Huja gemacht hatte, und Ramose gab ihr eine Papyrusrolle mit einem
Stück seiner Lieblingsgeschichte über das aben-
teuerliche Leben des Sinuhe.
»Tochter«, sagte Sepetja zu ihr, »du bist nun erwachsen. Seit dem Orakel Amuns weiß ich, dass
mein Wunsch erfüllt wird. Deshalb sage ich dir heu-
te deinen geheimen Namen: *Aut Ib* – ein breites
Herz, Glück, Freude –, das ist mein Wunsch für
dich.«
Nefret strahlte Sepetja an. Hesi warf seiner Mutter
einen Blick zu, sagte aber nichts.
Während die anderen zu ihren Räumen gingen um
sich für das Bankett schön zu machen, flüsterte
Refi Nefret ein altes Gedicht ins Ohr: »Du bist die
Einzigartige, die Schönste auf der Welt. Du gleichst
dem strahlenden Stern des neuen Jahres, an der
Schwelle eines schönen Jahres.«
»Und was gibt es zu essen?«, hörten sie Hesi rufen.

SPEISEN UND GETRÄNKE

Brot (*Te*) und Bier (*Henket*) waren die Grundnahrungsmittel (*Tehenket*) Ägyptens. Es gab mehr als vierzig Sorten Brot aus den Getreiden Weizen, Emmer und Gerste. Das Korn wurde mit Mahlsteinen zu Mehl verarbeitet und als Fladenbrot oder in glockenförmigen Tongefäßen gebacken. Die Zähne von Mumien sind manchmal sehr abgenutzt, weil im Mehl der Steinstaub vom Mahlen zurückblieb.

BIERHERSTELLUNG

Mit Brot wurde auch Bier hergestellt: Ein halb angebackenes Gerstenbrot wurde in ein Gemisch aus Wasser und Gerste gebröselt. In verschlossenen Krügen gärte die Mischung zu dickflüssigem Bier, das man durch ein Sieb schüttete und trank.

UNEM (ESSEN), *SUR* (TRINKEN)

Beim täglichen Essen oder beim festlichen Bankett nahm man sich die Speisen von großen runden Platten: Trauben, Feigen, Granatäpfel oder Datteln und Gerichte aus gebratenem und gegrilltem Geflügel oder Rindfleisch. Auch Gemüse kamen auf den Tisch: Zwiebeln, Kürbisse, Gurken und Lauch. Dazu wurde Bier oder bei festlichen Anlässen auch Wein oder Saft getrunken.

MACH MIT!
VOLLKORN-FLADENBROT

- *Zutaten: 500 g Vollweizenmehl, 20 g Hefe, $\frac{1}{2}$ Teelöffel Honig, 1 Teelöffel Salz, 300 ml warmes Wasser, 2 Esslöffel Olivenöl, 1 Ei, Sesamkörner*
- Hefe und Honig in $\frac{1}{2}$ Tasse Wasser auflösen und 5 Minuten stehen lassen.
- Mehl und Salz vermischen, mit Wasser, Öl und der aufgelösten Hefe gut zu einem geschmeidigen Teig verkneten. In eine eingeölte Schüssel legen und zugedeckt an einem warmen Ort 1 Stunde gehen lassen.
- Den Teig herausnehmen, in zwei Hälften teilen und jede Hälfte zu einem runden, flachen Brot formen.
- Die Brote auf ein mit Backpapier ausgelegtes Backblech legen und 30 Minuten gehen lassen. Mit Eigelb bestreichen und mit Sesam bestreuen.
- Im vorgeheizten Ofen 8–10 Minuten bei 200°, weitere 15–20 Minuten bei 160° backen.

MODE

Auf bildlichen Darstellungen trugen Kinder zum Zeichen für ihre Jugend die »Jugendlocke«, eine geflochtene Haarsträhne. Rundherum waren die Haare kurz geschnitten oder ganz abrasiert. Mädchen und Jungen liefen im warmen Klima Ägyptens nackt herum, bis sie zur Schule gingen.

FÜR DIE FRAU

Frauen trugen lange Schlauchkleider aus weißem oder mit bunten Naturfarben gefärbtem Leinen, die über den Schultern mit breiten Trägern befestigt waren. Elegante Damen bevorzugten gefältelte, fast durchsichtige Gewänder.

Um den Hals legten sich Männer und Frauen einen *Usech*, einen breiten Halskragen aus Perlen oder Blumen.

FÜR DEN MANN

Männer trugen einen Lendenschurz, der von einem Gürtel gehalten wurde. Man kannte vierzig verschiedene Arten, das einfache, rechteckige Tuch in einen kunstvollen Schurz zu verwandeln! Darüber wurde ein breiter Umhang drapiert.

SCHUHE?

Sandalen waren aus Palmblättern, Papyrus oder Binsen. Leder wurde für die Herstellung benutzt, war aber sehr teuer. Auf die Sandalensohlen eines Pharao ritzte man gerne Abbildungen seiner Feinde, damit er sie symbolisch »mit Füßen treten« konnte.

PERÜCKEN, SCHMUCK UND SCHMINKE

Schönes Aussehen und Körperpflege waren im Alten Ägypten besonders wichtig. In vornehmen Häusern gab es Badezimmer, wo man mit Wasser übergossen wurde, oft durch einen Binsenkorb, sodass es wie eine Dusche wirkte. Neben dem Bad lag die Toilette: ein Lochsitz aus Stein mit einem Auffanggefäß darunter.

PERÜCKEN

Zum vornehmen Aussehen gehörten bei Frauen und Männern kunstvolle Perücken. Bei festlichen Anlässen setzten Diener und Dienerinnen den Gästen parfümierte Salbkegel auf den Kopf. Wenn sie schmolzen, verströmten sie einen angenehmen Duft.

SCHMUCK

Die Goldschmiedekunst war vollkommen. Diademe, Halsketten, Armbänder, Fußringe, Ringe und Ohrringe wurden kunstvoll gearbeitet. Besonders beliebt waren magische Glücksbringer wie der Skarabäus, die vor Bösem schützten.

SCHMINKE

Schwarzes Pulver aus Kajal (Kohl oder Bleiglanz) oder grünes Pulver aus Malachitstein wurden in einer Schminkpalette mit Wasser und Öl gemischt. Es verschönerte und schützte die Augenlider vor Entzündungen durch heißen Wind, feinen Sand und Sonne.
Rotes Ockerpuder für Wangen und Lippen und Henna für die Nägel rundeten das Aussehen ab. Die Schminkzutaten wurden in schön gearbeiteten Gefäßen aufbewahrt.

MACH MIT!
ÄGYPTISCH SCHMINKEN

Mit einem schwarzen Augenbrauenstift, grünem Lidschatten und rotem Lippenstift könnt ihr euch in echte Ägypter und Ägypterinnen verwandeln. Zuerst grünen Lidschatten zwischen Augenlid und Augenbraue auftragen, danach das Auge mit dem Stift schwarz einrahmen und die Linie bis zur Schläfe weiterziehen. Mit dem Stift die Augenbrauen zu einer geraden Linie einfärben und bis zur Schläfe weiterziehen. Die Lippen mit dem Lippenstift rot färben.
Übrigens: Es geht alles mit Fettcreme und einem Tuch wieder ab!

DAS FESTBANKETT BEI WESIR MAJUNACHT

Und jetzt wird gefeiert!
Findet ihr die Familie, den Pharao
und den Wesir?

ZEITTAFEL IN SCHLAGZEILEN

Ägyptologen konnten die Geschichte Ägyptens in verschiedene Zeitabschnitte (Epochen) einteilen. Als »Reiche« bezeichneten sie die Zeiten, in denen Ägypten von ägyptischen Herrscherfamilien (Dynastien) regiert wurde. Zwischenzeiten bedeuten Zeiten der Unruhe und der Fremdherrschaft anderer Dynastien, zum Beispiel der Hyksos (2. Zwischenzeit).

FRÜHGESCHICHTE
➡ (ETWA 5000 – 3032 V. CHR.)
Erste Menschen siedeln am Nil. Handel mit Asien.
➡ O. DYNASTIE
Königsgräber in Abydos. Erfindung der Schrift. Der oberägyptische König Narmer vereint die „Beiden Länder" am Ende der Epoche zu einem Reich.

GESCHICHTLICHE ZEIT
➡ (ETWA 3032 – 2707 V. CHR)
➡ 1. – 2. DYNASTIE
Memphis wird erste Hauptstadt von Ober- und Unterägypten. Das Mastaba-Grab Chasechemuis, des letzten Königs der Epoche, hat mehr als 30 Räume.

ALTES REICH
➡ (ETWA 2707 – 2170 V. CHR.)
➡ 3. - 8. DYNASTIE
Erste Pyramide unter Djoser (2690-2670 v. Chr.), weitere unter Snofru, Cheops, Chephren, Menkaure. Handel mit Punt. Pyramidentexte des Unas entstehen.

1. ZWISCHENZEIT
➡ (ETWA 2170 – 2020 V. CHR.)
➡ 9. – 10. DYNASTIE
Krisenzeit und Zerfall Ägypts. Einzelne Fürsten kämpfen um den Thron. Auflösung der Königsmacht.

MITTLERES REICH
➡ (ETWA 2020 – 1793 V. CHR.)
➡ 11. – 12. DYNASTIE
Unter Mentuhotep II (2046 – 1995) Wiedervereinigung Ägyptens. Ischtaui neue Hauptstadt. Sesostris III. (1872 – 1853) entmachtet die Fürsten völlig.

2. ZWISCHENZEIT
➡ (ETWA 1793 – 1550 V. CHR.)
➡ 13. – 17. DYNASTIE
Hyksos (Fremde) aus Asien herrschen in Ägypten. Streitwagen und Rad in Ägypten eingeführt. Ausbau der Kriegstechniken und Beginn des Kampfes gegen die Hyksos unter Kamose (1556 – 1550).

NEUES REICH
➡ (ETWA 1550 – 1070 V. CHR.)
➡ 18. – 20. DYNASTIE
Vertreibung der Hyksos unter Ahmose (1550 – 1525). Theben ist Hauptstadt. Pharaonengräber (Amenophis, Thutmosis, Hatschepsut, Ramses, Sethos usw.) im Tal der Könige. Unter Echnaton (Amenophis IV., 1351 – 1334) Aton alleiniger Gott. Rückkehr zum alten Glauben unter Tut-anch-Amun (1333 – 1323). Unter Ramses II. (1279 – 1213) Bau des Tempels von Abu Simbel. Erster Friedensvertrag der Geschichte zwischen Ägyptern und Hethitern. Ausbau der Tempel von Theben. Unter Ramses III. schlechte Wirtschaftslage und erster Arbeiterstreik der Geschichte. Amun-Priester gewinnen wieder Macht.

3. ZWISCHENZEIT
➡ (ETWA 1070 – 664 V. CHR.)
➡ 21. – 25. DYNASTIE
Tanis ist Hauptstadt unter nubischen Pharaonen, gleichzeitig »Gottesstaat« der Hohepriester in Theben. Verlust von Oberägypten.

SPÄTZEIT
➡ (ETWA 664 – 336 V. CHR.)
➡ 26. – 31. DYNASTIE
Neue Hauptstadt Sais. Beginn der Perserherrschaft unter Kambyses (525 – 522).

GRIECHISCH-RÖMISCHE ZEIT
➡ (ETWA 336 V. CHR. – 395 N. CHR)
Griechen, Ptolemäer, Römer Alexander der Große (332 – 323) siegreich gegen Persien und »Befreier Ägyptens«. Beginn der Griechenherrschaft. Kleopatra VII. (51 – 30) besiegelt Bündnis mit Rom. Nach ihrem Selbstmord wird Ägypten römische Provinz. Der Römische Kaiser führt den Pharao-Titel.

(Jahreszahlen hinter Königsnamen bedeuten Regierungszeiten.)

	Frühgeschichte		Altes Reich		Mittleres Reich		Neues Reich		Spätzeit				
v. Chr.	5000	3032	2707	2170	2020	1793	1550	1070	664	336	0	395	n. Chr.
		Geschichtl. Zeit		1. Zwischenzeit		2. Zwischenzeit		3. Zwischenzeit		Griechisch-Römische Zeit			

INTERNETLINKS UND MUSEUMSADRESSEN

KINDERSEITEN
- ➡ www.blinde-kuh.de/egypten/
  index.htm
  Ägypten, die Hieroglyphen,
  Tut-anch-Amun und viele Links
  zu anderen Seiten
- ➡ www.ancientegypt.co.uk/menu.html
  Die beste Ägypten-Seite für Kinder
  im Netz vom Britischen Museum
  London – wer kann Englisch?

HIEROGLYPHEN:
- ➡ www.hieroglyphen.de
  Alles über Hieroglyphen
- ➡ www.hieroglyphen-info.de
  Noch eine schöne Hieroglyphenseite
- ➡ www.torstar.com/rom/egypt/
  egypt.htm
  Man kann hier seinen Namen
  oder auch ein e-Mail in Hieroglyphen
  schreiben!

ÄGYPTEN ALLGEMEIN:
- ➡ www.lateinforum.de/altaeg.htm
  Nach Themen geordnete Links
  zu informativen Ägypten-Seiten
- ➡ www.anchesa.de/index.htm
  Es geht um Ägypten, Pharaonen,
  Städte, Hieroglyphen, Götter.
  Alles zum Anklicken.
- ➡ members.easyspace.com/Brig/
  Egypt
  Ziemlich ausführliche Seite
  über Ägypten und ein Wörterbuch
  der Fachbegriffe

ARCHÄOLOGIE:
- ➡ www.ufg.uni-freiburg.de/
  digger.html
  Eine Suchmaschine für Archäologen
  und solche, die es sein möchten.
- ➡ www.aegypten-online.de/index.htm
  Archäologische Neuigkeiten über
  das Alte Ägypten in Zeitungsartikeln
- ➡ archnet.uconn.edu/international/
  archnet_de.htm
  Eine allgemeine Archäologie-Seite
- ➡ www.online-club.de/~nofretete
  Ägypten, Ägyptologie, Geschichte

ABSOLUT BESTE UND EIGENTLICH
EINZIG NOTWENDIGE SEITE:
- ➡ www.selket.de
  Alles über Ägypten, Götter, Pharaonen, Alltag usw.; Links zu weiteren
  Seiten im Netz und zu den Museen
  (siehe nächste Spalten); Buchtipps;
  Spiele, Bildschirmschoner, Hinter-
  gründe, Schriften zum Downloaden,
  also wirklich alles!

MUSEEN

DEUTSCHLAND

Berlin
Ägyptisches Museum und Papyrus-
sammlung
Schloßstraße 70
14059 Berlin

Dresden
Albertinum
Brühlsche Terrasse
01067 Dresden

Essen
Folkwang-Museum
Goethestraße 41
45128 Essen

Hamburg
Museum für Kunst und Gewerbe
Steintorplatz 1
20099 Hamburg

Hamm
Gustav-Lübcke-Museum
Neue Bahnhofstraße 9
59065 Hamm

Hannover
Kestner Museum
Trammplatz 3
30159 Hannover

Heidelberg
Antikenmuseum und Abguss-Sammlung
des Archäologischen Instituts
Marstallhof 4
69117 Heidelberg

Hildesheim
Römer- und Pelizäeus-Museum
Am Steine 1–2
31134 Hildesheim

Frankfurt
Liebighaus
Schaumainkai 71
60596 Frankfurt

Karlsruhe
Badisches Landesmuseum
Schloß
76131 Karlsruhe

Leipzig
Ägyptisches Museum der Universität
Leipzig
Schillerstr.6
04109 Leipzig

München
Staatliche Sammlung ägyptischer Kunst
Meiserstraße10
80333 München

Tübingen
Museum Schloss Hohentübingen
Burgsteige 11
72010 Tübingen

Würzburg
Martin von Wagner-Museum
der Universität Würzburg
Residenzplatz 2 a
97070 Würzburg

Internetlinks zu allen
wichtigen Museen unter
- ➡ www.selket.de

ÖSTERREICH

Wien
Kunsthistorisches Museum
Ägyptisch-Orientalische Sammlung
Burgring 5
1010 Wien

SCHWEIZ

Genf
Musée d'Art et d'Histoire
2, Rue Charles Galland
1211 Genève 3

... UND DAS BERÜHMTESTE

Kairo
The Egyptian Museum
11556 Midan el-Tahir
Maydan at-Tahrir, Cairo

STICHWORTLISTE

MITTELMEER

SINAI

UNTERÄGYPTEN

Giseh Memphis

Dahschur

ÖSTLICHE WÜSTE

Alexandria

Sakkara

Knickpyramide

Sphinx

Stufenpyramide

Nil

Achetaton Echnaton

Wichtige Bauwerke
und archäologische Fundorte
im Nil-Tal

WESTLICHE WÜSTE